日本古代史の正体

桓武天皇は百済人だった

林 順治

えにし書房

はじめに

　日本古代史を知るためには干支（十干と十二支の組み合わせ）を理解しなければなりません。干支は一般的には「えと」とも呼ばれ、甲子に始まり癸亥で終わる60年で一周するシステムですが、とてもやっかいです。手っ取り早い理解法はだれもが持っています手帳の巻末の「年齢早見表」です。たとえば2018年の干支は戊戌（ぼじゅつ・つちのえいぬ）ですから、この年に生まれた人が次の戊戌を迎える60年後の2078年が数え年の61歳で、これがいわゆる還暦です。

　これで納得できないようでしたら、パソコンで「干支」か「えと」で検索すれば一目瞭然です。スマートフォンであれば「かんし」か「えと」の音声入力で簡単に「干支紀年表」を見ることができます。しかし干支の世界は紀元前17世紀の中国殷王朝の太陽信仰に至るという天文学や陰陽五行や易学や占いの話になります。

　干支とは言わば暦のことです。5W1H「いつ（When）、どこで（Where）、だれが（Who）、なにを（What）、なぜ（Why）、どのように（How）」の一つ「いつ」（When）のことです。干支がわかれば『日本書紀』に記録された天皇の歴史や日本古代史をよく理解することができるようになります。

　ご存知のように『日本書紀』は初代天皇神武の即位（BC660、辛酉）から第41代持統天皇の退位（西暦697、丁酉）までの1300年余の編年体史書であり、神代紀を除くすべての記事は干支による紀年（年の数え方）で記載されています。

　しかしアマテラス（天照大神）を祖とし神武を初代天皇とする万世一系の物語『日本書紀』は今、根底から問われ、その虚実半々の仕組が明らかになっています。私が出版しました『干支一運60年の天皇紀』（2018年）には藤原不比等の指導のもとでつくられた「記紀」の「歴史改作のシステ

ム」について説明しています。

　また、日本考古学史上最大の発見といわれる稲荷山鉄剣銘文の冒頭の「辛亥年」については本書「第2章2-4　稲荷山鉄剣銘文のワカタケル大王」をご覧いただければ、干支がいかに重要な問題であるかご理解いただけると思います。

　また昨年10月ごろから新聞報道で話題になっています日本最大の古墳仁徳陵（大山古墳）の宮内庁と堺市による共同発掘調査も本書「第2章2-2　仁徳陵の被葬者はだれか」をご覧になれば、宮内庁と堺市による共同発掘調査がいかなるものであるか、そのが実態がわかっていただけるでしょう。

　今年（2019年、干支は己亥）は平成天皇の生前退位による次期天皇の即位の年です。元号も代わり、天皇も代わります。戦後70年余を経た状況の中で憲法改正が問題とされるならば皇室典範や象徴天皇制、天皇の起源や日本の歴史も改めて問われなければならないはずです。

　しかし日本および日本人は、千数百年にわたって慣れ親しんだ「記紀」（『日本書紀』と『古事記』）にもとづく根強い皇国史観から解放されていません。全国津々浦々に鎮座する神社8万社の半分の4万社を占める八幡神社（＝応神天皇）の正体すらわかっていません。

　一方、世界はグローバル化による民族・言語・国家・文化・政治・経済・宗教等々の矛盾・軋轢・衝突が多発し、難民・移民も世界中に拡散しています。そればかりではありません。地球温暖化による風水害の頻発や地震・原発に対する真剣な対応も迫られています。

　しかしこのような世界の歴史変動は今始まったことでありません。何千年もの前から世界史の中で繰り返し起こっていることです。今世紀の利点と困難は、ネット社会の普及拡大によって、いつ、どこでも、だれもが、何でも知ることができるようになったことです。それだけに国家、組織、個人のすべてがそれぞれの個別にして固有の歴史を根底から見直さなければならない時代を迎えています。

はじめに

　本書『日本古代史の正体』は、『干支一運60年の天皇紀』『八幡神の正体〈新装改訂版〉』の連作です。「朝鮮半島から渡来した百済系渡来集団による日本古代国家成立」（石渡信一郎の仮説）を主軸にした古代日本国家の成立＝天皇の起源・系譜を問う"日本古代史特集"と思って御一読いただければ幸いです。

日本古代史の正体　目次

はじめに　3

序章　古代日本国家成立の史実 ……………………………………………… 9
　　序−1　天皇の「韓国とのゆかり発言」　9
　　序−2　天皇のルーツは朝鮮半島だった　14
　　序−3　桓武天皇の生母は百済人の末裔　17

第1章　応神陵と仁徳陵が出現するまで……………………………………… 23
　　1−1　邪馬台国はどこか　23
　　1−2　朝鮮半島からの大量移民　24
　　1−3　卑弥呼がもらった鏡　28
　　1−4　いつだれが七支刀を贈ったのか　30
　　1−5　倭の五王と倭武＝昆支の関係図　32

第2章　百済昆支王の倭国渡来 ……………………………………………… 35
　　2−1　『日本書紀』雄略天皇5年の記事　35
　　2−2　仁徳陵の被葬者はだれか　36
　　2−3　安閑・宣化は即位しなかった　37
　　2−4　稲荷山鉄剣銘文のワカタケル大王　41

第3章　蘇我馬子は大王だった ……………………………………………… 47
　　3−1　聖徳太子はいなかったが、厩戸王はいた?!　47
　　3−2　だれが法隆寺をつくったのか　51
　　3−3　用明天皇は大王馬子の分身　56
　　3−4　石舞台古墳は明日香村の島庄　59
　　3−5　馬子の墓を暴いたのはだれか　64

第4章　百済系継体王朝の成立 ……………………………………………… 69
　　4−1　大海人＝古人大兄＝天武天皇　69
　　4−2　天武・持統陵と蝦夷・入鹿の双墓　75

4-3　高松塚古墳の被葬者はだれか　78

　　4-4　「倭」はいつから「日本」と呼ばれたか　83

第5章　律令国家日本と八幡神 　89

　　5-1　右大臣藤原不比等　89

　　5-2　雄勝柵に至る道　92

　　5-3　藤原4兄弟の死と天然痘　94

　　5-4　金光明最勝王経と八幡神　96

　　5-5　聖武天皇と光明皇后　99

　　5-6　廬舎那仏と東大寺建立　102

第6章　皇位継承の危機 　105

　　6-1　恵美押勝こと藤原仲麻呂　105

　　6-2　高野天皇の詔　108

　　6-3　孝謙天皇と道鏡　110

　　6-4　法王道鏡の出現　114

　　6-5　八幡神託事件の真相　115

第7章　桓武天皇のトラウマ 　119

　　7-1　対エミシ38年戦争の終結　119

　　7-2　桓武天皇の実弟早良太子の悲劇　121

　　7-3　『続日本紀』から『日本後記』　131

　　7-4　征夷大将軍坂上田村麻呂　136

　　7-5　百済義慈王の子豊璋と禅広　144

終章　懺悔と慈悲の清水寺 　151

　　おわりに　155

　　参考文献　158

序章　古代日本国家成立の史実

序－1　天皇の「韓国とのゆかり発言」

　今から 18 年前の 2001 年（平成 13）12 月 18 日（木）、天皇は 68 歳の誕生日（23 日）を前に宮内記者と会見しました。その際、天皇は記者の一人から日韓共催のサッカー W 杯の共同開催国である韓国についての思いを問われ、韓国と天皇家の歴史的関係の話をしました。

> 筆者注：宮内記者会（宮内庁記者クラブ）は宮内庁庁舎 2 階に部屋をもっており、読売、朝日、毎日、産経、日本経済、東京新聞（中日）、時事通信の新聞各社と日本放送協会（NHK）、日本テレビ、TBS、フジテレビ、テレビ朝日、テレビ東京の 15 社が加盟しています。宮内記者会の記者は、毎朝、坂下門などから皇居に入ります。この際、記者は、宮内庁発行の「通行許可証」を皇居警察に提示しなければなりません。尚、第 2 次森喜朗内閣の 2001（平成 13 年）1 月 6 日中央省庁改革の一環として内閣府設置法が施行され、宮内庁は内閣府に置かれる機関となります。現在、宮内記者会に登録している記者数は 250 名程度であり、この数は記者クラブでは日本最大となっていますが、かつて、昭和天皇の崩御直前には 800 名程度の記者が登録していました。ちなみに 2018 年 8 月 16 日（木）の天皇の「生前退位発言」は NHK の夕刻 7 時のニュースで国民に直接知らされています。

　2001 年（平成 13、干支乙亥）という年は 4 月 23 日派閥とは無縁の小泉純一郎が自民党総裁選挙に当選して第 1 次内閣（2001.4.26 – 2003.11.19）を組閣して国民を驚かせます。この年の 9 月 11 日、アメリカではハイジャックされた大型旅客機 4 機のうちの 2 機がニューヨークの貿易センタービル（528m、110 階）、1 機がワシントンの国防省（五角形を表す英語の「ペンタゴン」）に激突、21 世紀の始まりを象徴する同時多発テロ事件が起こりました。

　この年暮れの 12 月 18 日の宮内記者たちを意外な気持ちにさせた天皇の「韓国とのゆかり発言」とは次の通りです。

9

日本と韓国との人々の間には、古くから深い交流があったことは、日本書紀などに詳しく記されています。韓国から移住した人々や、招へいされた人々によって、様々な文化や技術が伝えられました。宮内庁楽部の楽師の中には、当時の移住者の子孫で、代々楽師を務め、今も折々に雅楽を演奏しているのであります。こうした文化や技術が日本の人々の熱意と韓国の人々の友好的態度によって日本にもたらされたことは、幸いのことであります。

　私自身としては、桓武天皇の生母が百済の武寧王の子孫であると、続日本紀に記されていることに、韓国とのゆかりを感じています。武寧王は日本との関係が深く、この時以来、日本に五経博士が代々招へいされるようになりました。また武寧王の子、聖明王は日本に仏教を伝えたことで知られております。

　しかし、残念なことに、韓国との交流はこのような交流ばかりではありません。このことを、私どもは忘れてはならないと思います。

　天皇の「韓国とのゆかり発言」のキーワードは桓武天皇、母の高野新笠、武寧王、聖明王、五経博士、雅楽、続日本紀等々です。「天皇の韓国とのゆかり発言」が朝日新聞朝刊で発表されたのは12月18日から5日経った天皇誕生日の12月23日です。

　新聞発表が数日遅れたのは23日の天皇誕生日に合わせるためであったのは言うまでもありませんが、居合わせた記者たちが先のキーワードの持つ意味を理解できなかったのか、あるいは天皇に忖度しなければならない何かがあったのかもしれません。

　事実、23日の天皇誕生日の朝日朝刊だけは1面の中段右端の囲みスペースに「天皇陛下、W杯で交流に期待」「桓武天皇の生母、百済王の子孫と続日本紀に」「きょう68歳、会見で語る」という見出しで次のように伝えています。

天皇陛下は23日、68歳の誕生日を迎えた。これに先立って記者会見し、深刻化する経済情勢が国民に与える影響を案じ、この1年を振り返った。日韓共催のサッカーワールドカップとの関連で、人的、文化的な交流について語る中で「韓国とのゆかりを感じています」と述べた。

しかし記事のどこをみても記者会見が18日の皇居内にある宮内記者会（記者クラブ）で行われたとは書かれていません。したがってほとんどの読者は記者会見が行われたのは18日ではなく、天皇誕生日の23日と思うはずです。

ところで後日わかったことですが、天皇誕生日（23日）の読売新聞は「お祝いの一般参賀16,760人」（社会26面）「愛子さま誕生、家族で成長を見守りたい」「天皇陛下今日68歳」（同）とあり、毎日新聞は「きたる年よい年に」（社会26面）、「愛子さま誕生、うれしく思う」（同）とあります。

天皇の「韓国とのゆかり発言」について詳しく報道したのは朝日だけで、「アメリカの同時多発テロ事件」、「家族」「経済」「愛子さま誕生」などは朝・毎・読とも似たり寄ったりであることもわかりました。

ところで朝日新聞23日（総合4面）の50％は「天皇陛下発言、識者の見方」と「天皇陛下の会見発言（要旨）」（「韓国とのゆかり発言」）で占められています。「天皇陛下発言、識者の見方」は歴史学者など5人の識者の感想を載せています。念のため5人の識者の感想を次に引用します。

御厨 貴（政策研究大学院教授、日本政治史。『徳川義寛終戦日記』など執筆）「韓国とのゆかりや様々なレベルの交流を振り返る端的な例として『続日本紀』を引用されたのだろう。百済の武寧王と皇室のゆかりにふれたくだりはやや踏み込んだ印象で、色々と意図を探るむきもあるかもしれないが、一言一句言挙したり政治的意味を読み込んだりすべきではない。日韓関係を気遣いながら、象徴天皇の枠内で正直な人間的感想として述べられたとみるべきだろう」。

上田正昭（京大名誉教授、日本古代史・東アジア史。『帰化人』などの著書がある）「桓武天皇の勅を奉じて編集された『続日本紀』は、桓武天皇の生母であった高野新笠が、百済の武寧王の子孫であったと伝え、百済の建国神話を併記している。歴史学では古くから注目されてきた記述だが、陛下自らが言及されたことはきわめて意味深い。そうした人的交流ばかりでなく併せて不幸な関係を忘れてはならないとの指摘も重要である」。

所 功（京都産業大研究所所長、日本法制史。『皇室の伝統と日本文化』などの著書がある）「陛下のお言葉には、日本と韓国の関係を正確に再認識したいという熱意、覚悟を感じる。人と人、国と国との関係は事実の積み重ねでできあがっていく。ともすると韓国を植民地化して以降のことだけで語られがちな日韓関係を、歴史的事実を正確に伝えることで、千年以上の長い歴史なかでお互いの関係をとらえ、相互理解と友好を深めてあっていきたいというメッセージではないだろうか」

秦郁彦（日本大教授、歴史学者。『裕仁天皇 五つの決断』など天皇家に関する著書がある）「天皇陛下ご自身が天皇家のルーツに朝鮮半島がかかわっていると言及されたのは初めてではないか。韓国からもたらされた文化について具体的にお話しされており、意外な感じもする。W杯開催を前に、天皇陛下の訪韓が実現せず、大変気を使われているという印象を受ける。また教科書問題、靖国神社問題などで反日感情が高まったことを背景に低姿勢で臨もうとする小泉内閣の意向を反映しているのではないか」

猪瀬直樹（作家。『ミカドの肖像』等の著書がある）「天皇家が百済と深いかかわりがあるということは、既に歴史的事実として広く知られている。ただし、日本と韓国が東アジアの同じ地域で文明を共有してき

たという歴史的意味を強調した意義があることだと思う。W 杯を控えたこの時期に公言したのは、日韓の友好関係を築くための韓国側へのメッセージだろう。これが、韓国がいつまでも日本を敵対視する姿勢を改める機会になれば、と思う。

　一方、韓国の有力日刊紙朝鮮日報は 12 月 24 日「日マスコミ、日王発言ほとんど報道せず」「日本大衆・保守指導者層に衝撃波」「ワールドカップを前に関係改善の友好メッセージ」などの見出しで次のように報道しています。

　　　日王家に百済王室の血が混じっているという明仁日王の発言は朝日新聞を除いた日本の新聞（全国紙）ではほどんど扱われていない。日王が自ら王室の「ルーツ」を言及したというニュース価値を考慮するとき、異例であると思われる程の沈黙である。ある王室専門家は「王室血統問題が公に露出するのを嫌がるマスコミと保守指導層としては当惑するであろう」と述べた。
　　　……ある外交筋は「単一民族と万世一系（歴代日王が 2600 年間ひとつの系統であるという意味）神話に浸っている日本の大衆には衝撃であるだろう」と述べ、韓日両国の大衆情緒にどのような影響を与えるか注目される、と述べた。〔『韓 VS 日「偽史ワールド」』水野俊平、小学館、2007 年〕

　また朝鮮日報は有識者の声として日韓古代史の研究者金絃球（当時、高麗大学教授。『大和政権の対外関係研究』）の声として次ようなコメントを載せています。

　　　桓武天皇（737-806）の生母高野新笠が百済武寧王の後裔であることを明らかにしたため、見方によっては天皇家が百済系であるいう可能性が高まっている。しかし心証がないわけではないが、未だ確証はな

い。日本天皇家の百済起源説を主張する本もでているが、史料の恣意
的な解釈など歴史研究者の立場から見る時、学問的な成果と受け入れ
がたい」と述べている。〔同〕

　日韓のこのような矛盾・対立、歴史解釈の相違、日本のジャーナリズム
の体質や記者クラブの体質は今始まったことでありません。平成天皇（明
仁）の発言のキーワードは、先に指摘した通り桓武天皇・武寧王・聖明
王・『続日本紀』・雅楽です。特に百済王朝の武寧王と皇室の関係の深いつ
ながりは、「記紀」（『古事記』と『日本書紀』）だけに依存していては、日
本の本当の歴史を理解することはきわめて難しいと言わざるとえません。
だからといって韓国側の歴史研究が日本の域に達しているとはとても言え
ません。

序－2　天皇のルーツは朝鮮半島だった

　2001年の3月、私は郷里の大事な姉が亡くなったことを機に私の最初
の著作『馬子の墓』（四六版、600p）を出版しました。その書評を鷲田小
彌太氏（当時、札幌大学教授）にお願いして『週刊金曜日』（369号、2001・
6・29）に載せてもらいました。『馬子の墓』の帯の表と裏のキャッチコ
ピーは次の通りです。

　　だれが石舞台古墳を暴いたのか。天皇のルーツは朝鮮だった！　新
　旧二つの朝鮮渡来集団による日本古代国家成立の史実と天皇家の熾
　烈な葛藤を浮き彫りにする（表）。
　　日本人単一民族説を根底から覆し、アイヌ系エミシの存在を明るみ
　出した在野の研究者の驚くべき発見を辿る新歴史紀行。現代日本の学
　界ナショナリズムに警鐘を鳴らす（裏）。
　天皇の「韓国とのゆかり発言」が朝日新聞に掲載された翌々日、私は

『週刊金曜日』の編集部から「天皇が認めた朝鮮と皇室の深いつながり」についての執筆を依頼されました。それから約1週間かけて編集・発行人の黒川宣之さんの協力のもと1万2000字（400字原稿30枚、系図・写真を含む）を脱稿しました。『週刊金曜日』（395号、2002・1・18）によるキャッチフレーズは次のようにすこぶる刺激的です。

　　公に論ずることをタブー視する空気が強かった皇室と朝鮮の深いつながりについて、天皇自ら去年の暮の記者会見で初めて踏み込んだ発言をした。ほとんどの新聞、テレビが黙殺した発言の背景を、朝鮮渡来集団による古代国家成立を説く筆者に書いてもらった。

『週刊金曜日』のキャッチフレーズは鷲田小彌太氏の『馬子の墓』の書評がかなり正確に反映されていることに私は少なからず満足しました。そればかりではありません。さらに本誌巻末の「編集部だより」に本多勝一氏は次のように予告してくれたからです。

　　今週号で天皇の朝鮮半島出自をめぐる問題が林順治氏によって書かれています。この問題は、日本における最大のタブーとしての「天皇」と深くかかわるので、近いうち改めて特集を組むつもりです。

　私はいよいよもって"来るべきものが来た"と興奮さめやらぬ数日を過ごしました。というのも、私は『応神陵の被葬者はだれか』（1990年、平成2）から『蘇我大王家と飛鳥』（2001年）まで石渡信一郎氏の11冊の編集を担当し、新聞・テレビ・雑誌・週刊誌の各社に書評用として計百数十冊献本しましたが、たった1社の反応もありませんでした。
　このことは石渡信一郎氏が『蘇我大王家と飛鳥』（2001年6月24日発行）の「あとがき」に次のように書いていることからも明らかです。

　　私は1990年に『応神陵の被葬者はだれか』を書いて以来、学界の

ナショナリズムと闘ってきた。本書を含めて、私はこの 11 年間に 11
冊の本を上梓したことになる。今のところ学界は私の説を完全に黙殺
しているが、これは、私の説が学界のナショナリズムに痛撃を与えた
証拠であると私は確信している。

　実は『応神陵の被葬者はだれか』を出版した 6 年後の 1996 年（平成 8）
の夏、韓国のテレビ局 KBS は「応神百済王説」を紹介するため石渡信
一郎氏同行の上、奈良・大阪・京都など延べ 30 日の取材を敢行しました。
放映の結果、韓国国内では大きな反響を呼びました。しかし日本のメディ
アはその様子を完全に黙視したのは言うまでもありません。

　さて『週刊金曜日』の本多勝一氏の〝特集〟の記事から数週間たったあ
る日、私は編集長兼発行人の黒川宣之さんから奈良国立文化財研究所のあ
る研究者から受け取ったという手紙を渡されました。その手紙は、〝素人
にこのような記事（『週刊金曜日』2002 年 1 月 18 日の 395 号掲載）を書かせ
るのはいかがなものか〟という内容でした。おそらくその研究者は『週刊
金曜日』の購読者の一人に違いありません。

　いずれにしてもその手紙は私にとっては何ら根拠のない誹謗中傷（讒言）
の類です。哲学者ジル・ドゥルーズ（1925-1995）が指摘する〝思考の公務
員〟（研究機関の枠に沿って影響力を行使する官吏）を相手に渡り合うことは、
版元（株式会社金曜日）に迷惑をかけることを考慮してしばらく手紙を持
ち歩いていました。

　しかし本多勝一氏のいう〝特集〟が組まれた場合や今後不特定多数の投
書やよからぬ噂・悪口も想定し、著者仲間の一人ジョアキン・モンティロ
氏（駒沢大学講師、『天皇制仏教の批判』の著者。のち台湾大学教授）は真宗
大谷派（東本願寺）と数年来の理論闘争の経験もあるので、彼に件の手紙
を見せ相談しました。

　日本仏教史における親鸞の思想を見事に解釈したモンティロ氏の『天皇
制仏教批判』は、3 つの命題によって裏付けられています。1 つはひとり
の人間の人格を絶対化し権威化する傾向（＝日本仏教の開祖信仰）、2 つは

霊魂実在論と体験主義（＝日本仏教を支配する如来像思想）、3つは社会、歴史を自然化し、差別を肯定する社会有機体説（＝日本仏教の差別即平等論）です。

モンティロ氏は3つ目の命題の具体的事例として1936年（昭和13）の文部省発行の『国体本義』こそ、18世紀以来ヨーロッパに成立した人権と社会主義思想を否定し、国家と天皇の歴史を自然化する山川草木悉皆成仏のイデオロギーである天皇制や国体を肯定する、と指摘しています。

以前、『聖徳太子はいなかった』（石渡信一郎著、三一新書、1992年）を読んだジョアキン・モンティロ氏は「親鸞の夢告」（親鸞と聖徳太子の夢邂逅）を私に明瞭かつ論理的に解き明かしてくれたこともあり、私はブラジル出身の巨漢（190㎝、100㎏を超す）モンティロ氏に絶大なる信頼をおいていました。

しかし当時、私が勤めていた会社は対労組、対株主の三つ巴の裁判闘争の渦中にあり、経営側（私もその一人）による平成10年（1998）のロックアウトは3年目に入っていました。私の本職の編集業務も石渡信一郎氏の『蘇我大王家と飛鳥』（2001年）が最後となりました。件の手紙もどこかに紛失してしまい、本多勝一氏の「天皇の特集計画」もアウトになりました。

約7年半におよぶ労使間の和解が成立し、私が定時株主総会において取締役を退任したのは平成18年（2006）の3月28日でした。この年の6月『アマテラス誕生』を出版しましたが、すでにそれまでに『義経紀行』（2002年）、『漱石の時代』（2004年）、『ヒロシマ』（2005）を出版していました。

序-3　桓武天皇の生母は百済人の末裔

それでは「天皇の韓国のゆかり発言」について私が『週刊金曜日』（2001・1・18）に発表した論文「天皇が認めた朝鮮と皇室の深いつながり」

にその後の知見を加え、百済とかかわりのある日本の古代史をあらためて復習してみることにします。

在野の古代史研究者石渡信一郎（1926-2017）の日本古代史研究の最大の功績は、「朝鮮半島からの新旧2つの渡来集団（加羅系と百済系）による日本古代国家の成立」を解明し、具体的には日本最大の古墳誉田陵（伝応神陵）の被葬者が百済から渡来した昆支王であることを特定したことです。

百済蓋鹵王（在位455-475）の弟で左賢王の昆支は461年倭国に渡来して倭の五王「讃・珍・済・興・武」の済の入婿となります。倭の五王の讃は加羅系渡来集団の崇神（始祖王）・垂仁に続く3代目の倭王です。

讃は卑弥呼の子女王台与が西晋（265-316）に朝貢してから途絶えていた中国への遣使を147年ぶりに東晋（317-420）に送り、中国の史書（『宋書』倭国伝）に名をとどめることになりました。この加羅系渡来王朝は奈良三輪山の南山麓を根拠地としたので三輪王朝とも、初代崇神の名をとって崇神王朝ともいいます。

昆支は倭の五王の最後の倭王武であり、武＝タケル大王とも日十＝ソカ大王（隅田八幡鏡銘文）とも呼ばれ、百済系倭王朝（ヤマト王朝）の始祖王となります。後の百済の王となる東城王と武寧王は昆支王の子です。

朝鮮の史書『三国史記』によると、昆支の兄蓋鹵王は475年9月高句麗長寿王（在位413-491）の侵略により漢城で殺害されます。昆支は461年すでに倭国に渡来していたので、蓋鹵王（毗有王の子）の次は文周王、その次は文周王の子三斤王が即位します。

479年三斤王が亡くなったので、昆支の子の東城王が百済王となります。さらに501年11月東城王が亡くなったので、昆支王の次男武寧王が百済の王となります。『三国史記』では昆支は477年百済で死んだことになっていますが、これは虚構です。また『三国史記』では文周王は蓋鹵王の子で昆支の兄ですが、本当は昆支の母方の叔父です。

1971年忠清南道公州（百済の王都）で武寧王の墳墓が発見されました。朝鮮の考古学史上最大の発見です。古墳からは「寧東大将軍の百済の斯麻王（武寧王のこと）は、年齢62歳で己卯年、523年5月7日に亡くなった」

序章　古代日本国家成立の史実

という意味の墓誌が出土していますから武寧王が生まれたのは462年です。

『日本書紀』雄略天皇5年（461）条に昆支が渡来した際、嶋君こと武寧王が筑紫の各羅嶋で誕生したと書かれているので、武寧王が昆支の子である可能性は極めて高いと言えます。

503年（癸未年）武寧王は斯麻の名で叔父の男弟王（継体）の長寿を念じ、鏡（隅田八幡人物画像鏡）を贈っています。この隅田八幡人物画像鏡の銘文によると、その時の倭国王は「日十」という名の大王です。日十は東加羅の大王を意味し、昆支王であることを示しています。

このように倭国と百済王族の親子兄弟関係は極めて密接です。武寧王の子聖明王は父同様に仏教の布教に力をいれ、欽明天皇に仏像と経典を贈っています。『日本書紀』欽明天皇13年（552）10月条にも「百済聖明王は釈迦仏の金銅像1躯・幡蓋若干・経論若干巻を献上した」と書かれています。

桓武天皇の生母高野新笠について言うならば、高野新笠は桓武天皇の父光仁天皇が即位する前のまだ白壁王を名乗っていた時の妻の1人ですが、延暦8年（789）12月8日亡くなります。高野新笠の父は和史乙継、母は百済系渡来集団の土師氏の出身です。父方の和史の祖先が武寧王の子の純陀太子と考えられます。

この純陀太子は『日本書紀』継体天皇7年（513）条に「秋8月百済の純陀太子が薨じた」と書かれています。訳者頭注には純陀太子について「武寧王の太子か。『三国史記』には記載がなく、『日本書紀』の独自の記事。『百済本記』によるか」とあります。また『続日本紀』桓武天皇延暦9年（790）正月15日条には純陀の系譜が次のように書かれています。

　　皇太后を大枝山陵（京都市西京区大枝沓掛町伊勢講山の円墳）に埋葬した。皇太后の姓は和氏、諱は新笠で贈正一位の和乙継の娘である。母は正一位の大枝朝臣真妹である。后の祖先は百済武寧王の子純陀太子から出ている。皇太后は百済の遠祖津慕王の末裔である。
　　皇后は徳優れ、容姿上品でうるわしく、若い頃より評判が高かった。天宗高紹天皇（光仁天皇）がまだ即位していない時、娶り、妻とされ

19

た。皇后は今上（桓武天皇）・早良親王・能登内親王を生んだ。宝亀年中に氏姓を「高野朝臣」に改めて、今上天皇が即位すると、皇太夫人と尊称された。延暦9年に遡って皇太后の尊号が追称された。

　百済の遠祖の津慕王（百済の始祖で、夫余を開国したという伝説上の人物）は、河伯の娘が太陽の精に感応してうまれた。皇太后はその末裔である。それで天高知日之子姫尊の諡を奉ったのである。

　『続日本紀』では純陀太子は明らかに武寧王の子です。ところで桓武天皇の父光仁天皇は志貴皇子と紀橡姫の子で、志貴皇子は天智天皇の第7子です。光仁天皇は壬申の乱（672年）以来、約100年続いた天武系から天智系に代わった最初の天皇となります。

　天智も天武も同じ応神＝倭王武（昆支）を始祖としますが、天武は天智の兄でしかも母が異なる兄弟です。ですから672年（干支は壬申年）に天武（大海人）は皇位継承の正当性を主張して天智天皇の子大友皇子から即位継承権を勝ち取ることができたのです。

　天武は田村皇子こと舒明天皇を父とすることでは天智と同じですが、天智は斉明（皇極重祚）を母とし、天武は蘇我馬子の娘法堤郎媛を母としています。当然、天武は母方の祖父馬子大王を仏教王として崇拝します。天武は天智に暴かれた馬子の墓（石舞台古墳）を大阪府南河内郡太子町の叡福寺の太子陵に移し、馬子を聖徳太子としてその霊をなぐさめます。

　平成天皇の「韓国とのゆかり発言」の雅楽について言えば、現在でも毎年4月22日に聖徳太子（仏教王馬子の分身）の命日を偲んで四天王寺最大の行事「聖霊会舞楽大法要」が開催され、六時堂石舞台で仮面（四天王寺に保存されている伎楽面）の舞踊劇が延々と行われ、多くの観客を集めています。

　『日本書紀』推古天皇20年（612）条に百済人味麻之の勧めで雅楽を始めたと書かれていますが、それが今なお続いているのは馬子が推古朝の大王だったことを物語っています。

　663年天智が百済に救援軍を送り、白村江で唐・新羅連合軍と戦ったの

も天皇家が百済を出自としていることを考えれば当然のことです。義慈王の子の一人禅広は百済滅亡後倭国に移住し、百済王一族の祖となります。

749年東大寺の大仏に塗る金を貢献したのは百済王敬福です。光仁・桓武の対エミシ38年侵略戦争で鎮守府将軍になった百済王俊哲は敬福の孫です。武寧王の子純陀の系統と義慈王の子の禅広の系統のつながり明らかではありませんが、桓武の母高野新笠が百済系の出自であることはほぼ間違いありません。

日本古代史には多くの説がありますが、朝鮮と日本の深いつながりは否定のしようがありません。平成天皇がどういうつもりで話されたのかはともかく、宮内庁での記者会見の席上で発言されたいくつかキーワードは、朝鮮と日本のふかい関係を的確に示しています。

日本古代史がもつ驚くべき史実と奥の深さを思えば、今上天皇（平成天皇）の呼称「明仁」から推してみるに、天皇は「日本の皆様も後込みしないで、日本の歴史の成り立ちや天皇の起原を勇気もって自由に考え、発言して欲しい」と言っているとしか私には思えません。

しかし深いつながりを公に論ずるのをためらう空気は日本の支配層および知識人を覆っています。百済から渡来した王子昆支が応神陵に埋葬されている説さえ古代史学界（会）では完全なタブーです。戦後間もないことですが、坂口安吾だけは蝦夷や入鹿は大王にちがいないと指摘しています。

「新旧2つの朝鮮からの渡来集団よる日本古代国家の成立」を提唱した在野の古代史研究者石渡信一郎氏は、「自分の説が理解されるのは50年、いや100年はかかるかもしれない」と私によくつぶやいていました。

しかし石渡信一郎の『応神陵の被葬者はだれか』が出版されてから30年になろうとしています。平成天皇の"ゆかり発言"鑑みるに、真実（日本古代史の本当の姿）が露わになるのは意外に近いのかもしれません。

次章（第1章）からは「記紀」に依存してきた千数百年にわたる日本国家の起源＝天皇の起原の本当の姿を忌憚なく披露する覚悟です。それが歴史と未来の中間に立つ私たちの責任です。このことは現代日本の象徴天皇制にかかわる現実的な問題に直面します。つまり「日本の歴史とは？」

という問いは、「天皇の出自とは？」という問いに直結し、「日本は今世界に向かって何をなすべきか？」というの問いにつながります。

第1章　応神陵と仁徳陵が出現するまで

1−1　邪馬台国はどこか

※邪馬台国の所在地

　今から35年前の1989年（昭和48）弥生時代の大きな環壕集落跡が佐賀県吉野ヶ里で発見されました。邪馬台国はその吉野ヶ里遺跡を中心とする佐賀県東部、すなわちJR長崎本線（鳥栖駅・長崎駅間）沿線の鳥栖市・三養基郡・神埼市・佐賀市・佐賀郡東部の地域一帯に該当します。

　吉野ヶ里遺跡が発見されるまでは「邪馬台国論争」は九州説と畿内説にわかれていました。奈良桜井市纒向一帯を邪馬台国とする畿内説は、『日本書紀』の神功皇后を卑弥呼とする説と、『魏志』倭人伝の「正始元年梯儁を派遣して詔書や印綬を倭国に与えた」という記事を根拠としています。

　『魏志』倭人伝とは、陳寿（233-297、『三国志』の著者）の『三国志』のなかの中国（北魏）東方の居住民である烏丸、鮮卑、扶余、高句麗、東沃沮、挹婁、濊、韓と一緒に倭人のことが書かれた歴史地理書です。

　陳寿が『三国志』の執筆に専念していたころ、とくに魏（220-265）は帯方郡（後漢時代からの植民地）を支配していました。対して高句麗は魏の西安（長安）を脅かします。289年高句麗は帯方郡を襲い、294年鮮卑族の王慕容廆は高句麗に侵入します。しかし313年高句麗は楽浪郡を占領し、帯方郡は韓・濊に滅ぼされます。

　高句麗の侵略を警戒した呉（229-280）の後身西晋（265-316、呉を滅ぼして中国全土を統一）の官吏となった陳寿は、高句麗に邪馬台国（吉野ヶ里）の位置を悟られないように邪馬台国に至るまでの距離や方位を作為します。

23

❖ 1万3000基の甕棺墓

末盧国（佐賀県唐津市北半分。王都は唐津市桜馬場遺跡）、伊都国（筑紫野市東部。王都は春日市須玖岡本遺跡群）、奴国（福岡市、春日市、太宰府市など）、不弥国（福岡県筑紫野市南部）、投馬国（福岡県朝倉市、平塚川添遺跡）に吉野ヶ里を合わせた甕棺墓は約1万3000基を数えます。甕棺墓とは、甕や壺を棺として埋葬する墓をいい、日本では弥生時代前期から中期の北部九州で最盛期を迎えます。

ところが小林行雄（1919-1989、考古学者）は前期前方後円墳から出土する三角縁神獣鏡が近畿地方に多いことから、三角縁神獣鏡は3世紀中頃、大和（畿内）の卑弥呼が魏から送られた銅鏡であり、大和の支配者（卑弥呼の後継者）が各地の豪族に配布したという説を発表します。したがって小林行雄によれば奈良桜井の纏向一帯が邪馬台国となります。

それでは卑弥呼が魏から銅鏡を贈られた年はいつのことで、受け取った場所はどこでしょうか。「倭人伝」には「正始元年（240）魏の使者が詔書・印綬や銅鏡を倭国にもたらした」と書かれています。小林行雄はこの「銅鏡百枚」を三角縁神獣鏡とみていますが、三角縁神獣鏡が出土するのは4世紀末に築造される前期前方後円墳です。

『倭人伝』には卑弥呼の墓について「卑弥呼以って死す。大いに冢を作ること径百余歩、葬に殉ずる者奴婢百余人なり」と書かれています。巨大な墳丘墓がある吉野ヶ里丘陵以外に邪馬台国の候補地は見つかりません。墳丘墓の内部には甕棺がいくつも見つかります。卑弥呼が邪馬台国の女王に選ばれた時期は弥生中期（西暦200-250）にあたると考えられます。

1−2　朝鮮半島からの大量移民

❖日本人単一民族説の崩壊

日本人（和人）による日本人の単一民族説が定説となっています。しかし血液型など遺伝子的多型（同一種の生物集団の中に遺伝子型の異なる複数

の個体群が共存していること）の研究が明らかになるにつれて、日本人単一民族説は理論的に崩壊しつつあります。

血液蛋白の遺伝子的多型の研究者尾本恵一（1933-、分子人類学者）によりますと、日本人（和人）は主として朝鮮半島を経由して渡来した新モンゴロイドに由来し、この新モンゴロイドの集団は先住民である原モンゴロイド（一般モンゴロイド、アイヌ）と混血します。アイヌもまた日本列島の先住民の一部で原モンゴロイドです。

尾本恵一によれば日本列島の先住民は次の根拠から南方系の一般モンゴロイドです。

1. ATL（成人T細胞白血病）ウイルスのキャリアー（病原性のウイルスを体内に保有している人）は南西諸島（九州南端から台湾北東にかけて位置する島嶼群）や東北地方山間部などに多い。南方のフィリピンでは原住民の狩猟採集民族に多い。また、朝鮮人や中国人はこのウイルスをもっていない。このウイルスは南方系の一般モンゴロイドによって日本列島にもたらされ、その後、このウイルスをもたない北方系モンゴロイドが日本列島に渡来した。

2. B型肝炎ウイルスが人に感染し増殖すると、血中にHBs抗原と呼ばれる蛋白が出現する。HBs抗原は四つの型に分類されるが、日本人にみられるのはadr型とadw型である。adr型は中国本土・朝鮮、adr型は台湾・フィリピン・東南アジアに多い。

3. アイヌとこの南方系の一般モンゴロイドとの関係は、アイヌとマレー人との関係に近く、HLA型（白血球抗原）の遺伝子頻度はアイヌが和人と近縁関係にある。

以上の尾本恵一の遺伝子的多型説は少々難解ですが、もっともわかりやすい例は私たちのだれもがもっている耳垢です。耳垢には湿型と乾型があります。湿型はアイヌ（46.6%）、南西諸島住民（30〜50%）、本州日本人（14〜20%）、朝鮮人（7〜12%）、台湾原住民（41〜75%）、インドネシア

人（52 ～ 61%）とアイヌと南方の民族集団に多いことがわかります。

◈古墳時代の渡来者267万人

　現代日本人と周辺民族の頭型や身長などの形質を調査研究した小浜基次は、現代日本人を東北・裏日本型と畿内型に大別し、「東北・裏日本群がまず日本に分布し、その後朝鮮半島より新しい長身、短頭、高頭の集団が渡来し、瀬戸内海沿岸を経て畿内に本拠を占め、さらに一部が東進したものが畿内型になった」と指摘しています。〔筆者注：頭型は（頭長幅指数〈（頭幅÷頭長）×100）によって長頭（75.9以下）、中頭（76~80.9）、短頭（81以上）に区分します。〕

　それでは畿内型形質をもたらした朝鮮住民はいつ日本列島に渡来したのでしょうか。埴原和郎（1927-2004、人類学者）は、「短頭にみられる同心円状（年輪型）の地方差は古墳時代以後の渡来者は直接近畿地方に達して、ここに住み着いたことを物語っている」と指摘し、具体的に縄文晩期の全人口を約76万人、弥生時代人の全人口を100万人、古墳時代の渡来者数を267万人とします。

　通説では古墳時代の開始期は3世紀末～4世紀初とされ、奈良県桜井市の箸墓古墳は邪馬台国の卑弥呼の墓とみられていますが、先述しましたように合理的かつ科学的根拠はありません。ところが最近では弥生時代の終末期を3世紀前半に引き上げ、箸墓古墳を邪馬台国の卑弥呼の墓とする考古学者が少なくありません。

　しかし箸墓古墳の年代を庄内2式期の後半期とみれば箸墓古墳の歴年代は390年代頃となります。古墳時代前期を庄内0式・1式・2式・3式と布留式（いずれも近畿土器編年）に分けた、その中期あたりが380年頃になります。

　庄内式土器とは近畿地方の古墳時代前半期の土器様式です。庄内式土器は考古学者の田中琢（1933-、奈良国立文化財研所所長）によって提唱されます。また布留式土器は奈良県布留遺跡で1938年（昭和13）に発見された土器をさしています。考古学者小林行雄が布留式土器を古・中・新の3段階に分類しました。

第1章　応神陵と仁徳陵が出現するまで

古墳時代開始時の実年代（石渡信一郎）

時代	時期 近畿	時期 九州	西暦 A.D.	近畿土器編年	河西編年 円筒埴輪	遺跡・古墳その他
弥生時代	中期	中期	200	Ⅳ期		
			250			240年、魏が卑弥呼に「銅鏡百枚」贈与。 福岡・須玖岡本D地点甕棺墓。 この頃大阪・瓜生堂遺跡の集落が水没。
	後期	後期		Ⅴ期		佐賀・桜馬場遺跡
			300			
古墳時代	前期		350	庄内0式 庄内1式		岡山・盾築古墳 奈良・纏向遺跡
				庄内2式 庄内3式 布留0式		奈良・ホケノ山古墳　　奈良・石塚古墳
			400	布留1式	Ⅰ期	奈良・箸塚古墳 奈良・西殿塚古墳 奈良・茶臼山古墳
				布留2式	Ⅱ期	奈良・行燈山古墳（伝崇神陵） 奈良・渋谷向山古墳（伝景行陵） 奈良・五社神古墳（伝神功皇后陵）
			450			大阪・津堂城山古墳　　福岡・老司古墳
	中期			布留3式	Ⅲ期	大阪・中津山古墳（伝中津姫陵） 大阪・石津丘古墳（伝履中陵）
			500	TK-73	Ⅳ期	大阪・誉田山古墳（応神陵）

※　庄内式・布留式の編年は、寺沢薫案（『王権誕生』）による。ただし、TK-73型式と併行する布留4式は割愛した。

380 年頃の箸墓古墳が邪馬台国の卑弥呼の墓と 100 年以上も差があることから卑弥呼の墓ではないことはいうまでもありません。庄内 0 式が吉備地方（岡山）の直径約 40m、高さ 4 〜 5m の楯築古墳に相当し、大和（奈良）では庄内 1 式の全長 88m の前方後円墳の纒向石塚古墳やホケノ山古墳の築造が開始されます。

4 世紀中葉に南朝鮮と日本列島に古代国家が出現したのは、中国が朝鮮半島においていた楽浪・帯方が 310 年代の中頃高句麗の攻撃によって滅亡したので、朝鮮半島南部の新羅・百済と日本列島に古代国家が誕生する条件が整ったのです。

1-3　卑弥呼がもらった鏡

❖ 500 枚以上の三角縁神獣鏡が出土

三角縁神獣鏡は卑弥呼が魏の皇帝からもらった銅鏡 100 枚ではなく、崇神王朝（崇神・垂仁＋倭の五王「讃・珍・済・興・武」）の 2 代目垂仁が邪馬台国の卑弥呼の後継者を装うために作らせたものです。なぜそのような作為をしたかといいますと、邪馬台国を滅ぼしたことがわかれば朝貢国の東晋（317-420、中国の西晋王朝が劉淵の漢に滅ぼされた後に、西晋の皇族であった司馬睿によって江南に建てられた王朝）から制裁を受けるからです。

三角縁神獣鏡は全国各地の前期前方後円墳から現在まで 500 面以上出土していますが、卑弥呼が魏の皇帝から鏡をもらったのは正始元年（240）です。三角縁神獣鏡が卑弥呼のもらった鏡であるならば鏡は 150 年経ってから副葬されたことになります。

昭和 28 年（1953）、木津川右岸の前期前方後円墳の椿井大塚山古墳（京都府相楽郡高麗村）から 32 面の三角縁神獣鏡が出土しました。当時京都大学の発掘担当者の小林行雄はそれらの鏡を卑弥呼のもらった「銅鏡 100 枚」の一部という説を発表しました。

三角縁神獣鏡のなかには前期前方後円墳の和泉黄金塚古墳（大阪府和泉

第1章　応神陵と仁徳陵が出現するまで

市上代町）の景初3年鏡（239）や同じ前方後円墳の蟹沢古墳（群馬県高崎市柴崎町）の正始元年（240）など卑弥呼の時代にあてはまる年号をもつ鏡がありますが、いずれも垂仁時代に邪馬台国の後身であるかのように見せかけるため作られ鏡です。

❈卑弥呼のもらった「銅鏡100枚」は中国鏡

　平成9年（1997）渋谷向山古墳（垂仁＝イクメイリヒコの墓）の陪塚（ばいづか）（大型古墳に付随する古墳）とみられる黒塚古墳（椿井大塚山古墳の南方23km、天理市柳本本町）から30面の三角縁神獣鏡が出土しましたが、黒塚古墳より古く、かつ古墳時代前期初期の纏向型（庄内3式）といわれるホタテ貝型のホケノ山古墳（箸墓古墳の東側に接する。奈良県桜井市大字箸中字ホケノ山）から三角縁神獣鏡は出土していません。ですから三角縁神獣鏡の製作が始まったのは380年以降ということになります。

　奈良纏向の箸墓古墳の被葬者崇神が死んだのは378年（干支は戊寅）です（石渡信一郎『新訂・倭の五王の秘密』参照）。しかし新聞各紙はあいもかわらず箸墓古墳を邪馬台国の卑弥呼の墓ではないかと断続的に報道していますが、時代も場所もまったく異なります。

　邪馬台国の卑弥呼が魏の皇帝からもらった「銅鏡100枚」は方格規矩鏡（ほうかくきく）、内行花紋鏡（ないこうかもんきょう）、獣首鏡（じゅうしゅきょう）、夔鳳鏡（きほうきょう）、盤竜鏡（ばんりゅうきょう）などです。これらの中国鏡は吉野ヶ里遺跡を中心に佐賀県三養基郡上峰町の二塚山遺跡（みやきぐんかみみねちょう）や一本谷遺跡から出土しています。

　卑弥呼が魏と冊封関係（「宗主国」と「朝貢国」）（さくほう）を結んだのは238年です。しかし魏は262年に滅び、司馬炎の西晋（216-316）が立ち、266年倭の女王台与（とよ）（卑弥呼の宗女）が西晋に朝献しています。台与の朝貢以降、倭国が高句麗などとともに方物（特産物）を献じたことを伝える『晋書』安帝王紀（413年）の記事まで倭国は中国の歴史から姿を消します。

　市販の年表には「空白の147年」とされています。その間、倭国に一体何がおきていたのでしょうか。『日本書紀』では空白の147間は応神（在位270-310）、仁徳（在位313-399）、履中（在位400-405）、反正（在位406-

29

410）となっています。

1-4　いつだれが七支刀を贈ったのか

❖加羅系渡来集団の首長旨王＝崇神

『魏志』倭人伝の邪馬台国に至る行程の最初の狗邪韓国は弁辰狗邪（伽耶）国ともいいます。後の金官加羅（駕洛国・任那加羅ともいい、現在の韓国慶尚南道金海市）のことです。朝鮮半島では313年楽浪郡（漢朝が設置した植民地）が高句麗に滅ぼされ、帯方郡（楽浪郡の南半）が313年高句麗・馬韓（百済）・辰韓（新羅）に滅ぼされます。『魏志』韓伝には「辰王は常に馬韓人を用てこれを作し、世々相継ぐ」とあることから辰王は北方騎馬民族（江上波夫説）の夫余族と考えられます。

4世紀中ごろ百済と新羅が国家として形成され、加羅地方では320年ごろ狗邪韓国を宗主国とする加羅（伽耶）連合政権が成立します。そして狗邪韓国の軍勢（加羅系渡来集団）は320年代の後半、北部九州の卑弥呼の邪馬台国を滅ぼし、やがて瀬戸内海を東進して330年ごろ吉備地方（岡山県）に本拠を置き、次いで近畿・中部地方を征服します。

❖崇神＝旨王、百済と軍事同盟を結ぶ

加羅系渡来集団の首長崇神（七支刀銘文の「旨」、『三国遺事』加洛国記の「首露王」）は、343年奈良盆地東南部の纏向を王都とする加羅系倭国（大加羅）を建設し、その初代王御間城入彦五十瓊殖こと崇神天皇となります。

加羅系渡来集団の支配領域は南の沖縄諸島から北の東北地方南半部まで達します。加羅系崇神王朝（崇神・垂仁＋倭の五王「讃・珍・済・興・武」）は、倭王武（昆支）が491年百済系ヤマト王朝を立てるまで存続します。

『日本書紀』神功紀49年（249＝己巳）3月条に「百済の肖古王（近肖古王）と貴須王子が兵を率いて一緒になり、相見て喜んだ」と書かれていますが、『日本書紀』編纂者は泰和4年（369＝己巳）の史実を卑弥呼の時代

第1章　応神陵と仁徳陵が出現するまで

に見せかけるために干支2運（120年）繰り上げます（拙著『干支一運60年の天皇紀』の「古代歴代天皇干支表」参照）。

　近肖古王（在位346-75）の時、加羅系倭国の崇神（旨）は高句麗の侵攻を恐れていたので百済と軍事同盟を結んで高句麗に対抗しようとしたのでしょう。七支刀は泰和4年（369）百済・倭国との軍事同盟の締結を記念して倭王旨（崇神、首露）に贈るために百済の太子貴須が作ったものです。

　『三国史記』百済本記によれば近肖古王（在位346-75）は太子貴須（近仇首王）とともに高句麗に侵攻し、高句麗王を戦死させた後、王都を漢山（ソウル近郊）に移して372年東晋（317-420）に朝貢しています。『晋書』本紀（唐の太宗によって644年成立）には「372年に百済が朝貢したので、東晋は「百済王余句（近肖古王）を鎮東将軍・領楽浪太守とした」と書かれています。

　『日本書紀』神功紀摂政52年（252＝壬申）9月条に「百済の使者久氏等、千熊長彦に従い、七枝刀一口・七子鏡一面と種々の重宝を献ず」とありますが、この252年（壬申年）を干支二運（120年）繰り下げると372年（壬申）の仁徳天皇60年に当たります。仁徳天皇は不在天皇の一人ですから、372年の倭王旨は崇神天皇であることがわかります（拙著『干支一運60年の天皇紀』の「古代歴代天皇干支表」参照）。

　『日本書紀』には崇神天皇が「御肇国天皇」、『古事記』には「初国知らしし御真木天皇」と書かれていることから崇神（旨）は日本国の実際の始祖王とみることができます。崇神は380年前後に箸墓古墳に埋葬されます。

　　筆者注：七支刀は全長74センチ、左右交互に各3本の分枝をもつ特異な形をしています。この
　　　奇妙な形をした剣には漢字が表に34字、裏に27字刻まれていますが、次のように読解され
　　　ています。「泰和4年（369）5月16日丙午の日の正午に、百度も鍛えた銑の七支刀を造りま
　　　した。この刀によって、あらゆる種類の兵器による被害を避けることでしょう。この刀は、
　　　うやうやしい倭王にふさわしいものです」

1−5　倭の五王と倭武＝昆支の関係図

　見てお分りのように倭の五王の済（ホムタマワカ）は新斉都媛（百済直支王の娘、『日本書紀』応神紀）との間に興（凡連＝オオシムラジ）と高木入姫と仲姫を生み、珍の孫娘大中姫との間に目子媛を生みます。

　実は凡連（興）に関係することが「記紀」に記されています。『日本書紀』「継体紀」に「（継体の）元の妃は尾張連草加（済）の娘で目子媛という」とあり、『古事記』「継体記」には「尾張連らの祖先である凡連の妹目子媛と結婚し……」と書かれています。

　したがってこの系図から尾張連草加＝済の娘で凡連＝興の妹目子媛（ただし興とは母親違い）が継体と結婚して安閑と宣化とを生んだことがわかります。倭王済の後継者にして長子の興は体が弱かったのでしょう。済は百済蓋鹵王の弟昆支（余昆）と余紀（継体）を娘婿に迎えます。つまり昆支は仲姫と高木入姫と弟媛（興の娘）を后・妃とします。また余紀＝継体は目子媛（済と珍の孫娘大中姫との間に生まれ女）を妃とします。

　仲姫と弟媛（姫）は『書紀』応神即位前紀に、「仲姫を立てて后とし仁徳を生み、皇后（仲姫）の姉高城入姫を妃として大山守皇子らを生み、弟姫を妃として云々」とあります。また、目子媛の名は『書紀』継体紀元年（507）3月条に「尾張連草香の女目子媛との間に安閑と宣化を生む」と書かれています。

　この系図でもっとも注視しなければならないことは、昆支（倭王武）と継体（男弟王）の姻戚関係です。昆支と継体の父は百済毗有王ですが、継体は妻目子媛（済と大中姫の子）を通して大中姫→珍→垂仁→崇神と加羅系渡来集団に結びつきます。一方、昆支は妻の仲姫（済と仲姫の子）を通してイオキイリヒコ→讃→垂仁→垂仁に結びつきます。

　問題は讃と珍の関係です。讃と珍は親子関係でなく兄弟関係ですから兄弟相承か父子祖相承化の争いが起きています。当時、即位継承は兄弟相承が有力だったとすれば讃と珍の関係は、のちに発生する昆支（倭王武、応

第1章 応神陵と仁徳陵が出現するまで

倭の五王と倭武(昆支)との関係図

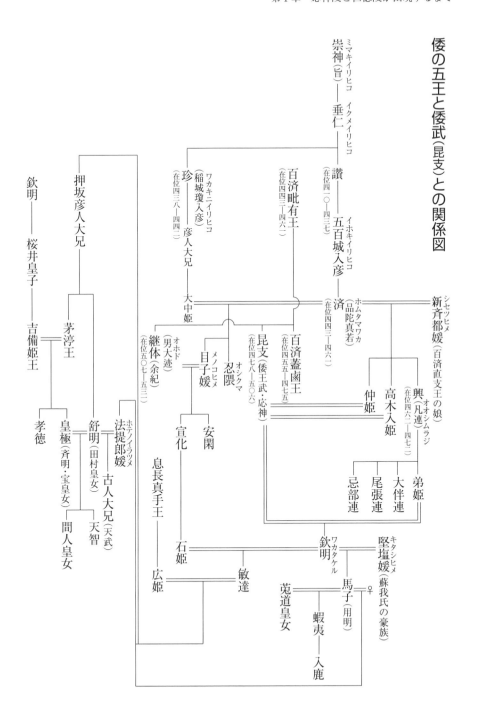

神）と継体系の争いに大きな影響を与えたと考えることができます。

　『日本書紀』記載の応神紀と継体紀の年代が約130年の開きがあるのは『日本書紀』編纂者が倭王武＝昆支＝応神が継体と兄弟であることを知られたくないために「継体が応神天皇の5世孫である」としています。

　繰り返すようですが、「記紀」編纂者は倭の五王「讃・珍・済・興・武」については一切書いていません。「済」や「武」について触れると、仁徳から武烈天皇までの「不在天皇10人」の創作が明らかになるばかりでなく、ワカタケル大王による日本古代史上最大のクーデター（531年）である辛亥の変や、新旧2つの変渡来集団の史実、崇神と応神の出自、架空の景行天皇とヤマトタケル物語、応神の母神功皇后の正体などが次々に露わになり、万世一系天皇の物語が崩壊するからです。

第 2 章　百済昆支王の倭国渡来

2−1　『日本書紀』雄略天皇 5 年の記事

◈百済左賢王＝昆支王

　応神陵は誉田 陵 と読まれ、「誉田」は大阪府羽曳野市では百済王子昆支の「コンキ」が地名となって「コンダ」（コがホにキがタに訛る）と呼ばれています。応神陵の後円部に接して誉田八幡宮が鎮座していますが、源氏 3 代（頼信・頼義・義家）の祖頼信は応神天皇を源氏の祖として祀りました。

　在野の古代史研究者石渡信一郎（1926-2017）は『日本書紀』雄略天皇 5 年（461）4 月条の「百済の王子昆支渡来の記事」から昆支が応神＝誉田と同一人物であるとし、昆支が百済蓋鹵王（余慶、在位 455-75）の弟で、『宋書』百済国伝（458）記載の征虜将軍にして百済左賢王余昆と同一人物であることを明らかにしました。

　百済蓋鹵王の弟昆支王は 461 年倭国に渡来しますが、その 14 年後の 475 年兄蓋鹵王は高句麗（長寿王）の侵略によって殺害されます。百済は漢城（ソウル）を棄て、南の熊津（忠清南道公州）に都を移し、昆支王の母方の叔父文周王（在位 475-76）が蓋鹵王の後を継ぎます。

　百済昆支王の婿入りの先は倭の五王「讃・珍・済・興・武」の済（品陀真若、在位 433-461）です。昆支は大和川と石川の合流地帯の河内南部の羽曳野を本拠とする倭王済の娘仲姫と結婚しました。

　また昆支は晩年済の長子興（凡連、在位 462-72）の娘弟姫と結婚して欽明（ワカタケル）を生みます。一方、昆支の弟余紀（継体）も済と大中姫（珍の孫娘）の娘目子姫と結婚し安閑と宣化を生みます（p.33 の系図参照）。

　『宋書』倭国伝に「478 年倭国王興が死し、弟武立つ。武遣わして方物

35

を献じて上表す。武を使節都督倭・新羅・任那・加羅・秦韓・慕韓六国諸軍事安東大将軍となす」と書かれています。461年倭王済の入り婿となった昆支は17年後の478年に義兄倭王興の後を継いで倭王武として即位します。

　倭王武の上表を受けた宋の順帝（在位469-479）は倭国が高句麗に開戦を決意していることを知ったのですが、対高句麗戦において倭国と同盟を結ぶことをしませんでした。479年倭王武は宋の後を継いだ斉（479-502）の高帝（在位479-82）から鎮東大将軍とされ（『南斉書』）、491年百済系ヤマト王朝を建て、502年梁（502-55）の武帝（在位502-49）から征東将軍に任じられます。そして506年に誉田陵（伝応神陵）に埋葬されます。ですから昆支＝倭王武＝応神天皇となります。昆支（倭王武、応神）が隅田八幡鏡銘文の「日十大王」と同一人物であることは後に説明します。

2−2　仁徳陵の被葬者はだれか

※不在天皇10人
　宮内庁は百舌鳥耳原中陵として第16代仁徳天皇（在位313-399）の陵としています。ここでは通称にならって仁徳陵と呼ぶことにします。この日本最大の前方後円墳の仁徳陵（墳丘長486m）の被葬者がわからないというのも不可解な話ですが、実は仁徳天皇は不在天皇10人の1人とされ、その実在が疑われています。

　堺市にある仁徳陵の東に近接している羽曳野市の誉田陵（伝応神陵、426m）の古墳の実年代（築造された年代）が6世紀初頭と推定され、仁徳陵と応神陵の実年代は10年前後の差もないと言われています。不在天皇10人を除外すると応神天皇（在位270-310）と継体天皇（在位507-531）は直結します。

　古代史研究者石渡信一郎は、隅田八幡鏡銘文の「癸未年」を503年、「日十大王」を百済の王子昆支＝倭王武とし、鏡（隅田八幡鏡）を贈った

人物を百済武寧王、鏡を受け取った人物を男弟王＝継体としました。

　すると男弟王＝継体と武寧王は叔父と甥の関係になります。なぜなら「日十大王」（昆支）は武寧王の父親だからです。隅田八幡鏡銘文の解読は日本古代史研究の金字塔と言えます。

　『日本書紀』仁徳紀67年（379年の己卯）10月条に仁徳が河内の石津原（堺市石津町）に自分の寿陵（生前に造る墓）を築造したと書かれていますが、仁徳陵（大山古墳）の築造年代（499年の己卯）が干支2運（60年×2運＝120年）繰り上げられています。

　『日本書紀』は応神と継体が兄弟であることを隠し、昆支＝倭王武＝応神を3世紀から4世紀初めの神功皇后（在位201-269）の子とし、応神と継体の間の空白を埋めるために倭の五王「讃・珍・済・興・武」の代わりに10人の天皇を創作します。いわゆる聖帝仁徳（継体の分身・虚像）から武烈で終わる10人による仁徳王朝を作ったのです。

　仁徳陵の前方部には継体天皇と目子姫との間に生まれた長子安閑が埋葬されています。そして後円部には継体天皇が埋葬されています。しかし後円部の石室は盗掘され副葬品は無くなっています。また石室の蓋石は堺奉行所の庭の踏石に利用されます。その張本人は豊臣秀吉であることは公然の秘密です。

　現在、アメリカのボストン美術館所蔵の環頭太刀の柄頭・獣帯鏡・三環鈴・馬鐸の4点は、仁徳陵の墳丘前方部が明治5年（1872）の暴風雨で崩壊して石室が露出した際、堺県令税所篤（1827-1910）が持ち出したのではないかという話はよく知られています。

2-3　安閑・宣化は即位しなかった

※『日本書紀』継体天皇31年の割注

　『日本書紀』編纂者は、継体天皇と目子媛（尾張連草香の娘）との間に生まれた安閑（在位534-535）こと広国押武金日と宣化（在位535-539）こと武

小広国押盾を即位したことにしています。

　欽明（在位 539-571）が即位するまでの安閑と宣化について『日本書紀』
継体天皇 31 年（531）の割注をめぐって学者・研究者間で諸説紛々の論争
が行われています。問題の割注とは、継体天皇崩御（死去）の年（531 年
の辛亥）の「天皇の病気が重くなった。7 日に天皇が磐余玉穂宮で死去し
た。時に 82 歳であった。冬 12 月 5 日に藍野陵に埋葬した」という記事に
続く、次の数行の注釈のことです。

　　ある本に、天皇（継体）は 28 年（534）歳次甲寅に崩御されたとい
　う。しかしながら、ここ（『日本書紀』）に 25 年（531）歳次辛亥に崩
　御されたと書いたのは、百済本記にもとづくものである。
　　その文（百済本記）によると太歳辛亥の 3 月に、進軍して安羅に
　着き、乞乇城を造営したとある。この月に高麗はその王安を殺した。
　また、聞くところでは、日本の天皇と太子・皇子（大王・王子）は共
　に薨去（死去）されたという。これによると辛亥の年は 25 年（531）
　にあたる。後に勘合（調査）する者が明らかにするだろう。

※安閑・宣化は即位したか
　この割注について、法隆寺非再建論者として有名な平子鐸嶺（1877-1911）
は継体の没年を『古事記』記載の 527 年（丁未）として、その後 2 年ずつ
安閑と宣化が在位して、欽明天皇の即位を 531 年とします。

　平子鐸嶺が継体没年を 527 年としたのは神武から推古までの事績を記録
した『古事記』は 15 人の天皇のみ没年干支を記録していますが、その中
の 1 人継体天皇の没年「丁未」が西暦の 527 年にあたるからです。

　これに対して法隆寺再建論者の喜田貞吉（1871-1939、歴史学者）は平子
鐸嶺の欽明即位 531 年説に同意しますが、「欽明の即位を認めなかった勢
力が 3 年後の 534 年に安閑を擁立し、安閑は 1 年で死去したが、続いて宣
化を擁立するなどして安閑・宣化朝は一時並立し宣化の死去によって欽明
の世（539 年即位）になった」と主張します。

水野祐（1918-2000、文献史学者）と白崎昭一郎（1927-2014、医師・作家・歴史家）は継体の没年は平子説に同じですが、水野祐は継体が死去したあとは安閑が8年間在位して、欽明が535年に即位し、宣化を架空の人物とします。白崎昭一郎は安閑の在位は4年で、その後は宣化・欽明両朝が並立したとします。

作家の黒岩重吾（1924-2003）は、『日本書紀』の割注を根拠に安閑・宣化は暗殺か軟禁されたとし、大伴金村が失脚したのは任那4県割譲などの外交政策の失敗によるものではなく、金村が安閑・宣化を支持したためだと主張します。黒岩重吾の「継体が死去した531年2月に安閑・宣化が欽明に殺害された」という説は、石渡信一郎の欽明天皇531年即位説と同じです。

黒岩重吾は昆支王が百済から渡来したことを認めていますが、石渡説のように昆支が倭国で王となり、倭王武として誉田陵（伝応神陵）に葬られたとは考えていません。したがって欽明が昆支＝倭王武の晩年の子であり、蘇我稲目は欽明の分身であり、蘇我馬子・蝦夷・入鹿が蘇我王朝の大王であるとも考えていません。

※ワカタケル大王の辛亥のクーデター

このように安閑・宣化の即位に疑いがもたれるのは、「継体紀」25年（531）の継体崩御の割注のせいもありますが、『日本書紀』の安閑・宣化についての記述が不可解に満ちているからです。それでは安閑・宣化は『日本書紀』にはどのように書かれているでしょうか。順番として兄の安閑から検証します。

『日本書紀』（小学館版）の訳者が指摘するように、安閑・宣化天皇の一代記で構成された『日本書紀』巻18は2代の天皇記をまとめた巻としてはもっとも少ない分量です。しかも安閑と宣化はほぼ等量です。

安閑天皇の在位は元年（534）から2年（535）までの2年間で、記事の全体の約78％を元年が占め、残りの約22％が2年目の分です。安閑の2年目にはこの年に設置された屯倉が列挙されています。筑紫の穂波屯倉・

鎌屯倉から上毛野国の緑屯倉、駿河国の稚贄屯倉まで日本各地の約26ヵ所を超えます。

　しかしこれら膨大な屯倉の設置は、辛亥のクーデターによって全国的な覇権を確立した天国排開広庭の和風諡号をもつ獲加多支鹵大王＝欽明以外に考えられません。

　「安閑紀」の記事の内容はむしろ欽明天皇の業績を羅列するという矛盾した内容となっています。安閑元年（534）の4段目の笠原直使主と小杵の争いに旧加羅系の上毛野小熊が加わる紛争に朝廷が介入する話は、ワカタケル大王が派遣した乎獲居臣（稲荷山鉄剣銘文の主）が解決した史実（辛亥のクーデター）を反映しています。

※大臣蘇我稲目＝欽明天皇＝ワカタケル大王

　次に宣化天皇ですが、次のように書かれています。

　　武小広国押楯（宣化）は男大迹王（継体）天皇の第2子である。長兄の安閑と同じ母尾張連の娘目子媛を母にもつ。即位元年の2月檜隈廬入野に遷都し、それを宮の名とした。その月大伴連金村を大連として物部麁火を大連とすることでは同じである。また、蘇我稲目宿禰を大臣とした。

　　元年5月天皇は「阿蘇仍君（未詳である）を遣わして、河内国の茨田郡の屯倉の籾を運ばせよ。蘇我大臣稲目は尾張連を遣わして、尾張国の屯倉の穀を運ばせよ」と命じた。7月物部物部麁火が亡くなった。この年の干支は丙辰年（536）であった。4年（干支は己未、539）2月天皇は檜隈廬入野宮で亡くなった。時に73歳である。

　以上が『日本書紀』巻18の宣化天皇の即位前紀から4年11月までの事績ですが、本当らしいことが書かれているとすれば、蘇我稲目が大臣になったことと、稲目が尾張連に穀を運ばせたこと、宣化の亡くなった年齢が73歳であることです。

安閑と宣化の年齢は1歳違いです。安閑・宣化が即位したとすれば、安閑の即位時の年齢は69歳、宣化の即位した年齢も69歳です。高齢の2人の天皇が続いて即位するのは不自然なばかりか、屯倉の全国的な設置という大変なエネルギーのいる事業はこの2人の天皇の能力をはるかに超えています。

蘇我稲目が欽明の分身であり、欽明＝ワカタケルが昆支晩年の尾張連草加（倭王済）の子倭王興の娘弟姫の間に生まれた子であれば、宣化元年5月条の「稲目が尾張連に尾張国の屯倉の穀を運ばせた」という記事は、倭王済の本拠地が大和川と石川が合流する神八井命を祀る県主神社のある現藤井寺市総社のあたりとすると史実にピッタリです。

当時、倭王済と興は尾張連とも呼ばれていたからです。大和川と石川が合流する地を本拠地とした倭王済と興は尾張連（加羅系崇神家）の後身だからです。愛知県熱田神宮の通説の尾張氏は倭王武の後裔尾張連がのち熱田に拠点を移した尾張氏であることを知らなければなりません。

2-4　稲荷山鉄剣銘文のワカタケル大王

※百済系と加羅系の和合統一

『日本書紀』の13段からなる巻19「欽明天皇」は、巻29の「天武天皇」に次ぐ多い分量です。しかし「欽明紀」の半分が任那再建・復興の記事によって占められています。国内における欽明天皇の特に目立った記事といえば、仏教伝来を積極的に受け入れ、大臣稲目に仏像を礼拝するように命じたことぐらいです。

とはいっても欽明が天国排開広庭と諡号され、欽明の皇后・妃から4人の天皇（敏達・用明・崇峻・推古）が輩出していることから、この天皇が巨大な力をもっていたことは確かです。

『日本書紀』によれば、大臣蘇我稲目が建国の神を祀るように百済王子恵（聖王の子、武寧王の孫）に強く進言していることから、欽明が仏教伝

来を契機に自分の父昆支＝倭王武を「人を神として祀ること」（八幡神）によって倭国の支配体制を大きく転換しようとしていたと考えられます。

欽明即位前紀冒頭の秦大津父（はだのおおつち）の話は、安閑・宣化朝と欽明朝との対立を寓話化したものだという説が専らですが、この説は安閑・宣化と欽明の両朝並立を前提としたものであり、欽明が辛亥のクーデター（531年）によって専制国家を確立したことを認めたものではありません。

「父はいつも幼少の天皇（欽明）を側に置いて可愛がった」という文言は、欽明が年寄りの父をもつ末子であることを強く印象づけています。ワカタケル大王＝欽明につきまとうこの「若年・末子」のイメージは、欽明が継体＝男大迹の嫡子ではなく「日十大王」（隅田八幡鏡銘文）こと倭王武の子であるという事実といかんともしがたく結びついています。

欽明が見た夢の話は昆支と弟の継体を祖とする百済系倭王朝内における昆支系と継体系の2つの皇位継承争いに旧加羅系勢力を巻き込んだことを暗示しています。すなわち百済から渡来して倭国で王になった昆支（兄）＝応神系と余紀（弟）＝継体系の争いです。

伝応神陵（誉田陵、羽曳野市）には昆支（余昆）＝倭王武、伝仁徳陵（大山陵、堺市）には昆支の弟余紀（男大迹）＝継体が埋葬されています。しかも2つの巨大古墳は東西一直線15kmも離れていません。その築造年代も5世紀後半から6世紀前半と推定され、10年も違わないのです。

※辛亥年は471年か532年か

現在の中・高等学校以上の文部科学省検定済教科書は、埼玉古墳群の稲荷山古墳から出土した115字の鉄剣銘文の「辛亥年七月中記乎獲居臣」（辛亥の年七月中、記す。ヲワケの臣）の辛亥年を「471年」とし、「獲加多支鹵大王（ワカタケル大王）」を第21代天皇雄略（在位456-479）としています。

しかし「辛亥」は60年に一度必ずめぐってきますから、「531年」の可能性もあり、「591年」の可能性さえあります。考古学的史料から確率が高いのは雄略天皇の「471年の辛亥」か、欽明天皇の「531年の辛亥」か

ということなります。特に稲荷山古墳から出土した稲荷山鉄剣とその銘文は決定的な証拠となります。

しかし日本の考古学史上最大の発見と言われている「稲荷山鉄剣銘文」に、どうしてこのよう不合理な問題が発生したのでしょうか。まず答えを出してからその理由を説明いたします。答えは稲荷山鉄剣銘文の「獲加多支鹵大王」は欽明こと天国排開広庭であり、「辛亥の年」は531年です。雄略天皇ではありません。

以下、私の説明は次の通りです。発見当時、稲荷山鉄剣銘文の解読の任にあたった岸俊男（当時京都大学教授）は、銘文中の辛亥年を雄略天皇在位（456-476）中の471年（辛亥）と一致するとして、「この鉄剣は大和朝廷の"杖刀人首"としてつかえてきた武蔵国造オワケノオミが作らせた」と解釈しました。以来、岸俊男の解釈は古代史学界（会）の見解として定着します。

◈稲荷山古墳の実年代は6世紀前半

しかし稲荷山古墳の発掘調査団長斎藤忠（当時東京大学考古学教授）は「稲荷山古墳群は6世紀初めから7世紀の中頃までに築造された古墳群である」とし、稲荷山古墳の副葬品その他の遺物の総合的な組み合せから古墳の実年代は6世紀前半としています。

また在野の古代史研究者の石渡信一郎は、田辺昭三が作成した「須恵器編年表」にもとづき誉田山古墳（伝応神陵）の実年代を6世紀初頭とし、稲荷山鉄剣銘文の辛亥年を「531年」とします。

石渡信一郎は誉田陵の築造年代を500年前後と仮定し、推定される工期を約10年から12年をさかのぼる488年から490年としました。そして昆支（倭王武）も大山古墳（伝仁徳陵）や武寧王陵と同じように50歳のとき寿墓（生前に造る墓）を造り始めたと仮定し、昆支（倭王武）が生れた年を438年から440年と想定しました。

『日本書紀』によれば応神天皇が生れた年は紀元200年の庚辰です。もし438年前後に「庚辰」があれば、『日本書紀』は昆支（倭王武）の生年

を干支4運（60年×4運=240年）繰り上げたと考えることができるからです。はたして438年から440年前後に庚辰の年があったのでしょうか。正に440年が庚辰の年でした。

　昆支（倭王武）の実際の生年が440年の庚辰の年であれば、昆支（倭王武）が50歳になった年が490年ということがわかります。そこで490年に昆支（倭王武）が自分の寿墓である誉田山古墳を作り始めたとし、その工期を10年から12年と計算すると誉田山陵の古墳の築造年代は500年から512年となります。

　先の大山古墳（伝仁徳陵）や武寧王陵について言えば、大山古墳と武寧王陵の築造年代、副葬品の類似性、武寧王と継体との甥と叔父の間柄（隅田八幡鏡銘文）は両古墳の密接な関係を示しています。したがって武寧王が何歳のときに寿墓を造り始めたのかがわかれば、継体の寿墓の築造年代がわかるはずです。

　武寧王陵の場合、墓室に「士壬申年作」と刻まれた1枚の磚（レンガ）が見つかり、この「壬申年=512年」から武寧王の寿墓の築造開始は511年ごろと推定されます。このことから武寧王が50歳のときに寿墓を造り始めたことがわかったのです。

　であれば継体も大山古墳の着工を始めたのは50歳ごろと考えることができます。『日本書紀』継体天皇25年（531）条に継体が82歳で亡くなったと書かれています。そこで531年から逆算すると、継体が50歳になった年は499年、干支は己卯年にあたります。

　『日本書紀』仁徳天皇67年（379）条に「仁徳が河内の石津原に陵地を定めた」とあります。その379年はちょうど己卯の年です。『日本書紀』は応神の次の天皇を仁徳としていますが、誉田陵山古墳（伝応神陵）の実年代（500年前後）と大仙古墳（伝仁徳陵）の実年代（510年代後半）からみて、『日本書紀』編纂者は継体の虚像仁徳を創作し、継体の寿墓の着工年の499年を干支2運（120年）繰り上げて、仁徳の寿墓の着工年（己卯の年）としたと推定することができます。

第2章　百済昆支王の倭国渡来

※雄略＝ワカタケル大王説の間違い

『日本書紀』が昆支＝倭王武の実際の生年440年（庚辰）を干支4運（240年）繰り上げて200年（庚辰）として応神天皇の生年としているのは、応神の架空の母である神功皇后を邪馬台国の卑弥呼に見せかけるためと、昆支＝倭王武の出自を隠すためです。

誉田山古墳（伝応神陵）と継体の墓である大山古墳（伝仁徳陵）の築造年代が十数年しか離れていないことと、応神と継体の年齢が10歳しかちがわないことから応神の次の大王（天皇）が継体であることは明らかです。

であれば「記紀」の応神と継体の間の10人、すなわち仁徳・履中・反正・允恭・安康・雄略・清寧・顕宗・仁賢・武烈は架空の天皇ということになります。雄略も実在しなかったのですから雄略＝ワカタケル大王説は根底から覆されます。

「記紀」は継体を応神天皇の「5世の孫」（5代目の子孫）と書いていますが、450年前後に生まれた継体が440年に生まれた昆支＝倭王武の5世の孫であるわけがありません。

欽明＝ワカタケル大王が昆支＝倭王武の晩年の子であったことや、ワカタケルの母が倭王興の娘弟姫であったことなどから多くの加羅系豪族の支持を得られたものと考えられます。稲荷山古墳の鉄剣の製作者にして被葬者の杖刀人の頭乎獲居臣は、欽明＝ワカタケル大王によって大和から派遣された軍事氏族であり、武蔵国造として加羅系豪族が拠点とする上毛野（現・群馬県）を制圧した人物です。

乎獲居臣が「辛亥の七月中、記す。獲加多支鹵大王の寺、斯鬼宮にあるとき、我天下を左治する」と鉄剣に刻んだのは、乎獲居臣が531年の辛亥のクーデターでワカタケル大王＝欽明の親衛隊長として抜群の働きをしたからです。

45

第3章　蘇我馬子は大王だった

3-1　聖徳太子はいなかったが、厩戸王はいた?!

◈聖徳太子実在・非実在論争

　聖徳太子が「いた」という学者・研究者もいますが、「いない」という学者・研究者・作家も少なからずいます。しかし「いた」も「いない」もその震源地は『日本書紀』です。案の定、聖徳太子不在論をテーマにした『〈聖徳太子〉の誕生』（大山誠一著、吉川弘文館）が出版され、1999年のベストセラーになりました。

　続いて2001年（平成13）1月と8月発行の古代史の専門雑誌『東アジアの古代文化』（大和書房）で「聖徳太子と日本書紀」（102号）、「聖徳太子の謎にせまる」（104号）と題して特集が組まれました。もちろん大山誠一の「太子不在（架空）論」がきっかけとなっていますが、作家の梅原猛・黒岩重吾、文献史学者の上田正昭・直木孝次郎、考古学者の白石太一郎ら総勢20人を超える聖徳太子論です。

　言ってみればこの聖徳太子論は、明治から大正にかけて40年も続いたいわゆる「法隆寺再建・非再建論争」の平成版太子実在・非実在論争です。しかし法隆寺再建・非再建論争は若草伽藍の発掘によって少数派の再建論者喜田貞吉の正解で決着がつきましたが、平成版は多数派工作によって「聖徳太子はいなかったが、厩戸王は実在した」という奇妙な妥協案で幕切れとなります。

　聖徳太子も厩戸王もその初出は『日本書紀』です。『日本書紀』用明天皇（在位585-587）元年正月1日条（A）と推古天皇（在位592-628）即位前紀・推古即位元年4月10日条（B）の2ヵ所です。

47

A　用明天皇は穴穂部間人皇女を皇后とした。皇后は4人の皇子を生んだ。その一子は厩戸皇子という。またの名は豊耳聡聖徳。あるいは豊聡耳法主王と名付けた。この皇子は初め上宮に住み、後に斑鳩に移った。豊御食炊屋姫天皇の世に東宮につき、天皇の代行をつとめた。この話は豊御食炊屋姫天皇紀にみえる。

B　推古元年（592）4月10日推古天皇は厩戸豊聡耳皇子を皇太子とした。そして一切の政務を執らせ、国政をすべて皇太子に委任した。皇太子は橘豊日天皇（用明）の第二子であり、母の皇后は穴穂部間人皇女という。皇后は出産の日宮中を巡行して馬官まで来たとき厩の戸口で急に出産した。

　皇太子は生まれてすぐに言葉を話した。成人になると一度に10の訴えを聞いて間違いなく先々の事まで見通すことができた。また仏教を高麗の僧慧慈に習い、儒教の経典を博士覚哿に学んだ。

　天皇（用明）は皇太子を愛し、宮の南の上殿に住まわせた。それゆえその名を上宮厩戸豊聡耳という。

※中途半端な結末

ところで『日本書紀』記載のAとBを読んで、どうして平成版聖徳太子「いた・いない」論争の「聖徳太子はいなかったが、厩戸王は実在した」という結論がでるのか理解できません。ところが意外ところにその原因があることがわかりました。

その出所は先述の『東アジアの古代文化――特集号聖徳太子の謎に迫る』（104号、2000・夏）の論文「聖徳太子関係史料の再検討」（大山誠一）です。それによりますと、当時、大山氏は聖徳太子信仰の成立過程についての論文を執筆中でした。しかし相当の分量になったので弘前大学の研究者仲間の長谷川誠一氏と小口雅史氏に頼んで『弘前大学国史研究』に「〈聖徳太子〉研究の再検討」と題して上（3月）・下（10月）に分けて掲載して

もらうことになったのです。

　ところが、10月に完結し、先輩や知人に抜刷を送ってまもなく、思いがけず京都上山春平先生から勤務先の研究室にお電話をいただいた。以前から、先生の藤原不比等や天皇制に関する見解に関心があり、関係のある抜刷や著書を送っていたからと思う。その電話のなかで、先生は私の聖徳太子論を大変喜ばれ、藤枝晃先生とのお付き合いや、田村圓澄先生とは一緒に仕事などされた時のことを話してくださった。ところがその話の終わりにこれからは厩戸王を肯定するものを書かなければいけないね、と言われたのである。
　当時の私は、聖徳太子の実在性を否定することに熱中していて、厩戸王などどうでもよいという気がしていた。その後も、前号〔『東アジアの古代文化——特集聖徳太子と日本書紀』102号、2000・夏〕に記したように、直木孝次郎先生をはじめ多くの方々から聖徳太子が実在しなかったとすると厩戸王はどうなるのか、やはり厩戸王は国政の中心にいたのではないか、というような問いかけを繰り返しうけていたのであるが、私の方は、聖徳太子からさらに『日本書紀』の山背大兄王の記事の否定に進んでいて、上山先生から言われた「厩戸王を肯定する」という論文はとても書く気にはならないでいた。

　少々長く引用しましたが、大山氏は『〈聖徳太子〉の誕生』出版当時の心境をわかりやすく説明していますので、私が次に述べることからもこれ以上付け加える必要もないでしょう。実は『〈聖徳太子〉の誕生』が出る7年前の1992年6月に私が勤務する三一書房が『蘇我馬子は天皇だった』（1991・6）の普及版として『聖徳太子はいなかった』を新書版で出版しました。
　この新書版は『〈聖徳太子〉の誕生』が出る1999年まで合計1万6000部（初版8000部、5刷）に達していました。編集者の感覚から言えば准教授クラスの研究者であれば自分が執筆するテーマに類似する出版物に目を

通すのが常識です。ましてや「いた」とする聖徳太子が「いなかった」と
する本を書かなければなりません。本を買わないまでもどこかで気付くの
が当たり前ではないでしょうか。

　当時、三一書房は株主を巻き込む労使争議争が起こり、1998年11月経
営側（私もその1人）によるロックアウトという事態となりました。迂闊
にも『〈聖徳太子〉の誕生』の出版を知ったのは2000年も半ばを過ぎてい
ました。

※『蘇我大王家と飛鳥』
　今私の手許に『蘇我大王家と飛鳥』（三一書房、2001年6月）があります。
　この本は私の担当した石渡信一郎氏の11冊目の本ですが、その前年の
『百済から来た応神天皇』（『応神陵の被葬者はだれか』の増補新版）と同じ
争議中（ロックアウト中）に出した本です。この『蘇我大王家と飛鳥』の
「はじめに」に石渡信一郎は冒頭に次のように書いています。

　　　昨年、文献史学者の大山誠一が『〈聖徳太子〉の誕生』を著して、
　　聖徳太子は実在しなかったと唱え、古代史学界に賛否両論を巻き起こ
　　した。私が1991年に『蘇我馬子は天皇だった』を書いて、聖徳太子
　　非実在説を唱えてから8年ほど経って、ようやく文献史学者のなかに
　　も、聖徳太子非実在説を唱える人が現われたわけである。
　　　この見解も私の見解と一致している。しかし、大山誠一と私の説に
　　は多くの相違点がある。例えば、大山誠一は『日本書紀』が中国的聖
　　天子像として聖徳太子を創作したとしているが、私は天武天皇時代に
　　用明大王（在位585-622）の虚像として聖徳太子と蘇我馬子が創作され
　　たとみている。
　　　『日本書紀』は用明大王の真の姿を隠すためにさまざまな創作を
　　試みている。例えば用明大王の宮殿の一つに「石川宮」があったが、
　　『日本書紀』はこの宮殿を蘇我馬子の「石川の宅」と記録している。
　　飛鳥池遺跡（奈良県明日香村大字飛鳥）から出土した木簡に「石川宮」

と書かれている「石川宮」はこの用明大王の宮殿である。

　また『日本書紀』は大阪府の四天王寺の創建者を聖徳太子としているが、実の創建者は用明大王＝馬子である。四天王寺の秘宝・丙子椒林剣が平安時代すでに蘇我馬子の剣と伝えられていたのは、聖徳太子と馬子が用明大王の虚像であったためである。

　『日本書紀』は欽明大王（在位531-571）の虚像として蘇我稲目を、欽明の子用明大王の虚像として蘇我馬子を作り出しているが、その主な目的は531年の欽明＝ワカタケル大王の辛亥のクーデターと、645年の乙巳のクーデターの真相を隠すためである。

　531年のクーデターでは継体大王（在位507-531）の子勾王子（安閑）と檜隈高田皇子（宣化）が殺され、645年のクーデターでは用明の子蝦夷前大王（推定在位622-645）と孫の入鹿大王（推定在位643-645）が殺された。また『日本書紀』は天武天皇（在位673-686）が用明の孫であることを隠している。

　以上、石渡信一郎の聖徳太子に関係するところの解釈ですが、この解釈は大山誠一をふくめ『東アジアの古代文化』の特集「聖徳太子と日本書紀」と「聖徳太子の謎にせまる」の執筆者の約90％に欠落しています。これは逆に言えば「本当に聖徳太子はいなかった」と唱える人は石渡信一郎しかいないということになります。これでは“多勢に無勢”です。しかし真実は多く集まったからといって見つかるわけではありません。しかし真実が見つかったからと言って勝てるわけでありません。

3-2　だれが法隆寺をつくったのか

◇法隆寺と斑鳩寺は同じ寺か

　法隆寺といえばイコール聖徳太子といわれていますが、『日本書紀』には法隆寺のほかに斑鳩寺、斑鳩宮、斑鳩など聖徳太子に関係する寺か土地

名か判然としない記述が12ヵ所あります。それでは法隆寺と斑鳩寺は同じ寺なのか、それとも異なる寺なのでしょうか。

『日本書紀』天智天皇9年（670年の庚午）4月30日条に「この日の夜明け法隆寺に火災が起こった。一屋も残らず焼失した。大雨が降って雷が鳴った」と書かれています。ところがこの前の頁の天智天皇8年（669年の己巳）この歳冬条に「この時、斑鳩寺が火災になった」とあります。

2つの記事からも法隆寺と斑鳩寺は同じ寺とは考えられません。天智9年の法隆寺の火災は一屋も残すことのない全焼です。しかもこの火災を最後に『日本書紀』には法隆寺も斑鳩寺も一切登場しません。『日本書紀』は何か重大な事を隠しているのでしょうか。

明治20年（1887）頃から法隆寺伽藍は天智天皇9年の火災により再建されたという意見が菅正友、黒川真頼、小杉榲邨（すぎむら）等から出されるようになりました。つまり再建派と非再建派（平子鐸嶺、関野貞、北畠治房）の論争が活発になったのです（拙著『法隆寺の正体』参照）。

法隆寺の再建非再建論争は、昭和14年（1939）の石田茂作（1894-1977）の若草伽藍の発掘による決着がつくまで約50年続きます。法隆寺論争に火をつけたのは喜田貞吉です。

この頃、法隆寺西伽藍の食堂近くから普門院の南にかけて素弁蓮華文鐙瓦（あぶみがわら）（飛鳥時代後期、花弁に何ら飾りのないもの）が出土しました。この瓦が出土するようになってから喜田貞吉はいままでの論調を変えました。

喜田貞吉の新説は、法隆寺はもと普門院のあたりにあったが天智火災以後今ある場所に建て変えられたというのです。対して関野貞（せきのただし）（1868-1935、建築史学者）も従来の非再建論を一部変更して、「現法隆寺は前説どおり推古時代のものであることは間違いないが、普門院のあたりとは別に現法隆寺にある釈迦三尊を本尊とした大きな寺院があった。しかし入鹿の反乱で焼失した」と主張しました。

昭和14年（1939）2月4日の奈良帝室博物館で開催された日本建築史連続講座で、建築史にくわしい新進気鋭の学者足立康（1898-1941）はそれまでの沈黙をやぶって、過去の再建非再建の説を否定して新たな非再建説を

発表しました。

　足立康の新非再建論は、法隆寺の火災記事は全面的に認めるものですが、現法隆寺が飛鳥時代のものだという従来の非再建論と変わりません。つまり現在の法隆寺の寺地には寺が２つあって、一つは用明天皇のために建てられた薬師像を本尊とした寺で、これはいまの普門院のあたりにあったというものです（拙著『法隆寺の正体』参照）。

　さらに足立は「太子の死後、釈迦三尊像を本尊とするもう一つの寺が現法隆寺である。天智９年の火災で焼失したのは、用明天皇のために建てた寺であり、太子のための寺は無事だったので薬師像を太子寺のほうに移動して、その堂塔を改造修復した」と主張しました。

◈若草伽藍の塔礎石

　この足立康の二寺併存説に考古学者の石田茂作は大きく影響されます。1939年３月24日、喜田貞吉と足立康の立合討論会が歴史地理学会主催により東京大学の山上会議所（三四郎池の近く）で開催されます。石田茂作にとって喜田も足立も懇意であり先輩です。茂作は何の感想もいわず閉会後すぐ帰宅しました。

　翌日、東京日日新聞から演説会の論評を書くように依頼があったので、石田茂作はどちらにも難点があることを説明して仲裁にはいるつもりでした。喜田貞吉はさっそく５月号の『歴史評論』で、「石田茂作君の法隆寺問題批判について」と題して、相も変わらず法隆寺の飛鳥時代建立説にこだわる専門家の学問的良心というものに不快の念を表明します。

　しかし石田茂作の東京日日新聞に発表した喜田貞吉と足立康の立合演説会の感想文（1939・3・28）がきっかけとなり、若草伽藍の五重塔の礎石が兵庫県住吉区の野村徳七邸にあることがわかりました。

　石田茂作は件の東京日日新聞に「両博士の法隆寺再建非再建の議論は天智天皇の火災に関する証明もなく再建非再建を争うのはとらぬ狸の皮算用である。どうしても同所の発掘調査が必要である」と、考古学者の立場から書きました。

この感想文の影響は絶大でした。兵庫県住吉区の野村徳七邸から法隆寺の礎石が返却されることになったのです。石の重さは5000貫、キロに直すと1万8000kg、18tをこえます。高さ1.3m、直径3mの花崗岩です。

　野村邸の礎石は御影駅まで鉄縄で引かれ、御影駅から法隆寺駅まで貨物列車で運搬され、さらに若草伽藍址のしかるべき場所まで鉄縄で引かれました。法隆寺駅から境内まで運搬するだけでも7日間もかかりました。こうしていわくつきの若草伽藍の礎石は、普門院南築地のあるべきところに納まったのです。

　その後、急に若草伽藍の発掘の機運が高まり、はやくもこの年の12月7日に発掘の鍬入れが行われ、発掘調査は末永雅雄（1897-1991）と石田茂作が担当することになったのです。この発掘調査でわかったことは、若草伽藍が塔・金堂・講堂の南北一直線四天王寺式とそっくりだったことです。

　それまで石田茂作は、塔が西、金堂が東の法隆寺式伽藍配置が一番古く、次にその反対の塔が東で金堂が西の法起寺式、塔・金堂・講堂の南北一直線四天王寺式が3番目と考えていました。しかし若草伽藍の普門院の辺りから法隆寺の複弁蓮華鐙瓦や忍冬唐草文瓦より古い四天王寺とほぼ同じ素弁蓮華文鐙瓦が出土していることから四天王寺式伽藍がもっとも古いことがわかったのです。

　この若草伽藍の発掘調査から若草伽藍は聖徳太子（実は大王蘇我馬子）によって建立され、ある時期放火か失火によって焼け、その後、天武天皇（馬子の娘法提郎媛の子）が、崇拝していた聖徳大王＝蘇我馬子のために建て直したのが現在の法隆寺あることがわかったのです。

　また崇峻天皇（在位588-592）即位前紀の蘇我馬子大臣と物部守屋連との仏教戦争で大臣蘇我馬子側についた厩戸王がこの戦争に勝利したならば寺塔（四天王寺）を建てようと誓願した意味も理解できるというわけです。大王馬子は飛鳥寺、四天王寺、若草伽藍をつくった仏教王だったのです。

第3章　蘇我馬子は大王だった

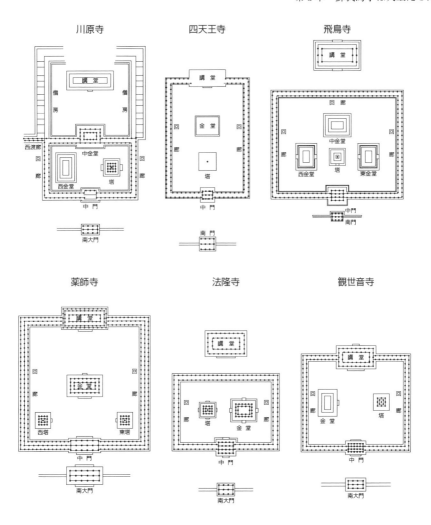

主要伽藍配置（『馬子の墓より』）

3-3　用明天皇は大王馬子の分身

※用明天皇＝蘇我馬子

『日本書紀』記載の第31代用明天皇こと橘豊日（在位586-587）は蘇我馬子の分身（虚像）ですから、用明天皇が即位したころの585年前後に馬子は大王になったとみてよいでしょう。大王馬子が亡くなった日は用明天皇死去の587年ではなく、『日本書紀』記載の大臣蘇我馬子が亡くなった推古天皇34年（626年の丙戌）5月20日です。『日本書紀』は馬子の死を次のように書いています。

　　34年の春正月に桃や李の花が咲いた。夏5月戊子朔の丁未（20日）に、大臣が亡くなった。そこで桃原墓に葬った。大臣は稲目宿禰の子である。性格は軍略にたけ、また人の議論を弁別する能があった。仏教を敬い、飛鳥川の傍らに家を構えた。そうして庭に小さな池を掘り、池の中に小島を造った。それゆえ時の人は島大臣といった。

　大王馬子の死去が即位（586）から40年とすると、大王馬子の在位は40年となります。すると『日本書紀』記載の用明（585-587）・崇峻（587-592）・推古（592-628）（カッコ内は在位年代）の各天皇は大王馬子の分身か架空の天皇になります。また聖徳太子も仏教王としての馬子の化身です。

　『日本書紀』によれば蘇我馬子は588年の飛鳥寺（法興寺）の建造にとりかかります。伽藍をつくり、仏教を広めることが国王の仕事であるならば、馬子はこの1、2年前には大王として即位したにちがいありません。すると用明の即位年とほぼ重なります。

　用明は585年異母兄の敏達（欽明と宣化天皇の娘石姫の子）の死後に即位します。用明の父は敏達と同じ欽明ですが、母は蘇我稲目の娘堅塩媛です。したがって『日本書紀』によれば馬子（稲目の子、堅塩媛の兄）と用明は叔父と甥の関係になりますが、同一人物です。

第 3 章　蘇我馬子は大王だった

◈敏達の子彦人大兄と馬子の皇位継承の争い

　『日本書紀』によると用明の王子時代の名前は大兄皇子です。「大兄」は
「次の大王」を意味します。つまり用明は即位するまでは大兄として大王
敏達に次ぐ地位にいました。いっぽう馬子のほうですが、『日本書紀』に
は敏達元年（572）4月に敏達が即位し、馬子は同時に大臣になったとあり
ます。このことは馬子＝用明が同時期に倭国の太子（皇太子）になったこ
とを意味しています。

　実は用明は「池辺皇子と呼ばれていましたが、『日本書紀』敏達紀7年
（578）条に「菟道皇女を伊勢神宮に侍らした。だが、池辺皇子に犯され、
その事が露見して任を解かれた」と書かれています。

　菟道皇女というのは敏達天皇の娘で、押坂彦人大兄の妹の菟道磯津貝皇
女のことです。『日本書紀』は馬子＝池辺皇子＝用明が菟道皇女と特別な
関係にあったことを示唆しています。

　馬子＝池辺皇子＝用明が敏達天皇の皇女で彦人大兄の妹の菟道磯津貝
皇女を妻として蝦夷を生んでいます。蘇我系の馬子にとって継体・敏達系
の彦人大兄の妹菟道皇女を后とすることは政治的にも財政的にも極めて有
利になるからです。

　また馬子（用明）の父大臣稲目は欽明天皇と同一人物です。軽の曲殿と
呼ばれる稲目の家が、欽明の墓見瀬丸山古墳のある畝傍山の東南の軽の地
にあるのも両者が同一人物であることを物語っています。

　用明（馬子）の母の堅塩媛は稲目の娘とされていますが、欽明＝稲目が
自分の娘を妻にするわけがありません。堅塩媛は昆支系大王家（分家）の
女性であったと考えられます。『日本書紀』は大王馬子の分身として用明
をつくり出し、大王馬子が彦人大兄の妹を大后とした事実を隠すために菟
道皇女を「大連物部守屋の娘」とします。

　『日本書紀』は馬子（叔父）と彦人大兄（甥）の皇位継承の争い（父子相
承制か兄弟相承制かの争い）を「大臣蘇我馬子×大連物部守屋の仏教戦争」
の物語に変えてしまったのです。当時、蘇我氏＝昆支系王統に対抗でき

57

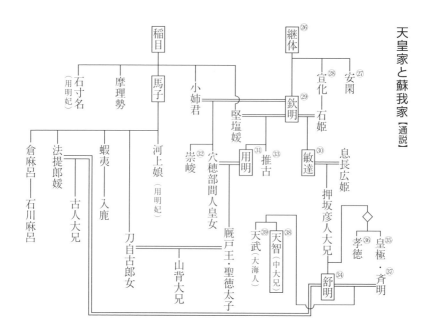

るような勢力は敏達を父とする継体系王統しかありません。

「蘇我物部戦争」で彦人大兄は馬子の率いる討伐軍に殺害されます。彦人大兄を滅ぼした後、大王馬子は彦人大兄の領地・部民をすべて没収し、一部は四天王寺などの寺院のものとし、他の大部分は后の菟道のものとしました。『日本書紀』皇極紀２年（643）10月条に「入鹿の祖母は物部弓削大連の妹であるため、入鹿は母方の財力によって、世間に威勢を張った」と書かれています。これは入鹿の祖母菟道が彦人大兄の莫大な財産を受け継いだことを物語っています。

大王馬子の墓、石舞台古墳の封土が暴かれて石室が露出しているのは、乙巳のクーデター（645年）で王権を奪取した継体系王統の天智が皇祖大兄（天智・天武の祖父押坂彦人大兄）の恨みをはらしたのでしょう。

欽明と堅塩媛の墳墓である見瀬丸山古墳には石室には２つの棺が置かれていますが、石室は７世紀初頭に改修されたとみられています。そして手前の棺の年代は６世紀の第４四半期、奥の棺の年代は７世紀初頭とみる説

が有力です。

『日本書紀』には推古20年（612）に堅塩媛を檜隈大陵に改めて葬ったとあり、奥の棺の被葬者は堅塩媛、手前の被葬者は欽明とする説がありますが、逆のケースもあり得ます。

大王馬子死後は嫡子蝦夷が即位したと考えられます。『日本書紀』皇極2年（643）10月条によれば、「大臣蝦夷が病気のため出仕せず、ひそかに紫冠を入鹿に授けて大臣の位にもなぞらえた」と書かれていますが、蝦夷が病気のため退位し、入鹿が即位したのでしょう。645年の乙巳のクーデターで蝦夷よりも入鹿のほうが先に殺されたのは入鹿が大王であったからです。

昆支系＋蘇我王統と継体系＋敏達王統の争いは、欽明による辛亥のクーデター（531年）、蘇我馬子による彦人大兄の討伐（587年）、そして天智による乙巳のクーデター（645年）を経て継体系天智・天武が王権を奪取することによって結着します。『日本書紀』が継体の分身仁徳を聖帝として描いたのは、『日本書紀』は継体系王統のもとで編纂されたからです。

3−4　石舞台古墳は明日香村の島庄

※大王馬子の娘法提郎媛

石舞台古墳（通称、馬子の墓）の所在地は奈良県高市郡明日香村島庄です。『日本書紀』推古天皇34年（626）5月条に「大臣が薨じた。そこで桃原墓に葬る」と書かれています。それ故か明日香村島庄一帯は上桃原・下桃原とも呼ばれます。

また、「飛鳥川の傍らに家を構えた。池を掘り、池の中に小島を造ったので時の人は島大臣といった」と書かれています。このように島庄は古い地名であることから石舞台古墳が蘇我馬子の墓であることはほぼ間違いないでしょう。

『日本書紀』には大臣馬子の亡くなった時の年齢は書かれていません

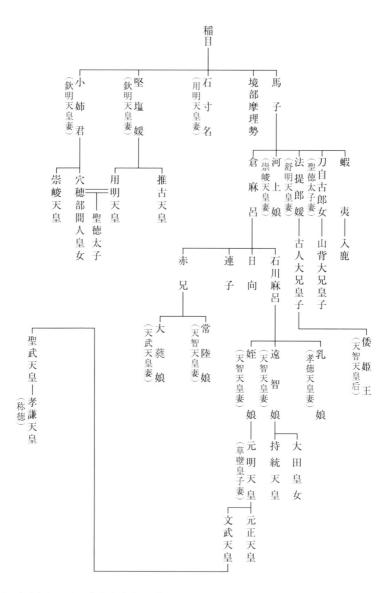

『日本書紀』による蘇我氏略系図(『アマテラス誕生』より)

が、『扶桑略記』（平安時代の歴史書兼日本仏教史）は76歳でなくなったとしています。すると馬子は548年（欽明天皇7、戊辰）前後に生まれたことになります。欽明天皇7年には馬子に直接関係する記事はありませんが、「今来」（百済から渡来した集団が住みついた檜隈＝高市郡明日香村野口）の良馬の記事があります。

壬申の乱の天武元年（672）7月、大海人（天武）は島の宮から出発し、その年の8月島の宮に帰還しています。その島の宮は法提郎媛（馬子の娘、天武の母）が大王馬子から譲り受けた離宮を古人大兄＝大海人皇子＝天武に与えたものでしょう。

天武5年（676）正月16日条の「大射の礼（弓の儀式）を島の宮で行った」ことや、天武10年（681）9月条の「赤亀を島の宮の池に放った」話、持統4年（690）3月20日の「京と畿内の人で、年80以上の者に、島の宮の稲を一人あたり10束賜った」という記事は、島の宮が天武と持統にとって特別な場所であったことを物語っています。

石舞台古墳は古くから、墳丘上部の封土を失い、石室の天井石が露出していました。本居宣長の『菅笠日記』（明和9年＝1772年3月5日から14日までの10日間、吉野、飛鳥を旅した時の日記）によると「南向きに縦横2尺余りの口があり、覗いて見ると岩屋のようで、内はせまく下は土に埋もれてかろうじて入れる程度です。上側は縦横一丈あまりの平らな大石が、物の蓋のように覆っています」などと書かれています。

1933年（昭和8）と1935年（昭和10）に京都帝国大学の浜田耕作（1881-1938）をリーダーとする末永雅夫らの発掘調査が行われます。ところで2006年（平成18）奈良県立橿原考古学研究所（以下、橿原考古研）は、明日香村島庄遺跡（発掘現場は石舞台古墳の石室から東へ約100mのところに10mほど棚田。柱列跡は県道新設計画に伴う調査で見つかる）で、7世紀前半の建物群や大柱とみられる柱列、柱穴が見つかったと発表しました。

橿原考古研（3月11日の現地説明会）は「柱列は石舞台古墳の東側丘陵にあり、並び方の方位が石舞台古墳の主軸とほぼ一致するため、蘇我氏一族が馬子の墓を造るため周囲に建てた宿舎跡の可能性が高い」と発表しま

した。橿原考古研の見解は『日本書紀』舒明紀の記事に依拠しています。

　『日本書紀』によれば、推古天皇亡きあとの後継者をめぐって田村皇子（舒明天皇）か山背大兄皇子（聖徳太子の子）かの争いが起こっていました。大臣蝦夷は境部摩理勢（馬子の弟、蝦夷の叔父）に「田村皇子か山背皇子のどちらを選ぶのか」と、催促の使いを送ります。その時、境部摩理勢は馬子の墓の造成のために一族を泊めるための宿舎（仮屋）をつくっていました。

　蝦夷の再度の催促に怒った境部摩理勢は宿舎を壊して引き上げてしまいます。この振る舞い激怒した蝦夷は軍兵を送って山背大兄皇子を支持する泊瀬王のところにこもった境部摩理勢とその子たちを自決に追い込みます。

　橿原考古研は仮宿舎跡の柱列を摩理勢が馬子の墓の造営のために造った記事の証拠としていますが、その可能性が大きいでしょう。しかし田村皇子（舒明天皇）と後継者争いをした聖徳太子の子山背大兄皇子の実在はフィクションです。このことは先に述べた大山誠一氏の山背大兄の記事否定論からも明らかです。

　また舒明天皇も即位しなかったのですから舒明と山背大兄の後継争いもフィクションの類です。大王馬子亡きあとの後継者は大王蝦夷ですから、叔父境部摩理勢と大王蝦夷の蘇我氏一族内部（父子相承制か兄弟相承制）の争いと考えられます。

❖境部摩理瀬の正体

　問題は大臣蝦夷と争うことになった境部摩理勢の正体です。山背皇子が「叔父」と呼び、大臣蝦夷が「親族」と言う境部摩理勢は蘇我稲目の子で馬子の弟にあたり、推古・用明天皇の実母堅塩媛、小姉君（聖徳太子の母穴穂部間人皇女の母）とは兄弟姉妹の関係にあります。

　しかし稲目は欽明の分身で馬子は欽明と堅塩媛の子ですから、堅塩媛の父の「ある蘇我系の豪族」は境部摩理勢の可能性があります。すると境部摩理勢は馬子にとっては叔父であり、蝦夷にとって大叔父となります。

　推古紀20年（612）条によると、檜隈大陵（見瀬丸山古墳）に欽明天皇

第3章　蘇我馬子は大王だった

の后堅塩媛を改葬する時、境部摩理勢は蘇我氏の代表として 誄 の役を担っています。また欽明紀には571年に亡くなった欽明が9月に檜隈坂合陵に葬られたと書かれています。

　通説では「檜隈坂合陵」は奈良県高市郡明日香村大字平田の平田梅山古墳とされていますが、実際は見瀬丸山古墳（橿原市見瀬町・五条野町・大軽町）のことです。なぜなら「見瀬」はムサ（身狹）のなまりと考えられ、この古墳の西方には式内社の牟佐坐神社があり、牟佐神社（近鉄吉野線岡寺駅の西、高取川を渡ってすぐに鎮座）と見瀬丸山古墳との間の地域は軽の「境原」の地です。

　「檜隈坂合陵」のサカイ（坂合）は、「境原」のサカイ（境）と同じで、檜隈と軽と牟佐にまたがった地域をさす古い地名とみてよいのです。さきの「境部摩理勢は墓所の庵を壊して蘇我の田所（私有地、あるい荘園）に退いて出仕しなかった」という記事のなかの“田所”は「檜隈と軽と牟佐にまたがった地域」にあったと考えられます。

　実は境部臣については『書紀』推古紀8年（600）2月条に「境部臣を大将軍に穂積臣を副将軍とした〔どちらも名を欠く〕。そして1万余人の兵を率いて任那のために新羅を討とうとした。この遠征によって新羅は降伏を申し出たが、2人の将軍が帰還すると新羅はすぐまた任那を侵略した」と書かれています。

　『日本書紀』頭注には「境部臣は蘇我氏の一族。だれであるか未詳。境部摩理勢かそれとも境部雄摩呂か」とあります。境部雄摩呂については推古紀31年（623）条に「大徳境部臣雄摩侶・小徳中臣連国の2人を大将軍として任那を征討した」とあります。

　境部摩理勢の「大徳」は推古12階冠位の第一です。境部雄摩侶については他に記載がないので摩理勢＝雄摩侶とみてよいでしょう。あるいは兄弟かも知れません。『日本書紀』には境部・坂合部の姓で石積・楽・稲積・石布などの名がみえますが、境部摩理勢を族長とする蘇我系の氏族と考えられます。

63

3-5 馬子の墓を暴いたのはだれか

※ヲケ（弟）とオケ（兄）の物語
『日本書紀』の仁徳から武烈までの不在天皇10人のなかの顕宗こと弘計
（第23代、在位485-487）は天智の分身、そして仁賢こと億計（第24代、在
位488-498）は天武の分身とみることができます。なぜならヲケとオケが
即位するまでの物語は天智と天武が即位するまでの境遇をものの見事に反
映しているからです。
　『日本書紀』顕宗紀の即位前紀の物語は全体の半分をしめ、4段で構成さ
れています。要約してお伝えします。〔 〕内は『日本書紀』の割注です。

　　穴穂天皇（安康）3年、ヲケとオケの父市辺押磐皇子が大泊瀬幼武
（雄略）に殺されたので、弟のヲケと兄オケは播磨国赤石郡に逃れて
縮見屯倉首のもとでひそかに牛馬の世話をして暮らしていた。
　清寧（白髪）天皇2年（481）11月、播磨国司山部連の先祖、伊予
来目部小盾が縮見屯倉首の新築の祝宴に訪れた。宴たけなわとなって
小盾はヲケとオケの二人の兄弟に「立って舞え」と催促した。二人は
譲り合ってなかなか立たなかった。小盾は「どうしてひどく遅いのか。
早く舞え」と言う。
　兄のオケが舞い、次に弟のヲケが舞った。ヲケは舞いながら最後
に「稲席川副柳 水行けば靡き起き立ち其の根は失せず」と歌って終
えた。小盾は「おもしろい。もう一度聞かせてほしい」と言った。
　弟のヲケは殊儛〔「殊儛」は古くは「立出舞」という。舞う様子はあ
るいは立ちあるいは坐って舞うのである〕を踊り、今度は声を張りあげ
て「倭はさやさやと音を立てる茅原、その浅茅原である倭の弟王で
あるぞ、私は」と言った。小盾はこれによって深く訝り、さらに歌
わせた。
　その歌の意味を知った小盾は驚きかしこまり、都に参上して二人

の王子を迎えるように要請した。清寧天皇は大いに喜び、「私には子どもがいない。後継にしよう」と言った。清寧天皇３年（482）正月、ヲケとオケの兄弟は摂津国に入り、４月清寧はオケを皇太子とし、ヲケを皇子とした。

　清寧天皇５年（484）正月天皇が亡くなったが、皇太子オケと皇子ヲケが互いに後継をゆずりあったのでヲケの姉の飯豊青皇女が朝政をとった。

　この年の11月に飯豊青尊が死んだ。そして翌年の顕宗元年（485）正月１日、弟弘計が大臣・大連の意見を聞き入れて即位した。

　引用最後のヲケの姉の飯豊青が朝政を執った話は、天智の妹の間人皇女が中大王として即位したことに似ています。また冒頭のオケとヲケの父市辺押磐が雄略に殺されたことは、天智と天武の祖父押坂彦人大兄（舒明天皇の父）が蘇我馬子に殺害されたことなどに似ています。

❖『古事記』と『日本書紀』

　それでは石舞台古墳はだれによって暴かれたのでしょうか。もし天智が石舞台古墳（大王馬子の墓）を暴いたとしたら、万世一系天皇の物語を主題とする「記紀」において天皇が天皇の墓を暴く話はきわめて異例なことです。

　艱難辛苦のうえ天皇になったヲケとオケの物語は『古事記』『日本書紀』編纂者がもっとも伝えたいテーマであったにもかかわらず、絶対に明かしてはならない秘密です。オケとヲケの物語は英雄譚の部類に入りますが、王権の根幹をなす皇位継承の史実を反映しています。

　実は『日本書紀』より『古事記』顕宗記のほうがシンプルでわかりやすいので、次に『古事記』を要約してお伝えします。なお、前半部分（第１段）のヲケが父の遺骸の埋められていた場所を見つけるまでの話は興味津々ですが紙面の制約あり省略します。

ヲケ天皇は父を殺した雄略の墓を壊そうと考えた。そこで兄のオケ王に相談した。兄オケは「陵を暴くのに他人をやってはいけません。私が行って壊してきましょう」と言った。すると天皇は「それなら、貴方がいいようにしなさい」と言った。

　兄のオケ王は陵のそばの土を少し掘って「陵をすっかり掘り壊しました」とヲケ天皇に伝えた。天皇は不審に思い「どんな風に壊したのか」と尋ねた。「少しばかりそばの土を掘りました」とオケ。

　「父の仇を討つのであれば、必ずすっかり破壊すべきではないか」とヲケ。「それはもっともなことです。しかしオオハツセ（雄略）天皇は、私たちの叔父です。また天下を治めた天皇です。この天皇の陵を破壊したとしたら、後世の人の非難をまぬがれることはできません。ですから、少しばかりその陵のほとりを掘ったのです」「これでもう、このような恥ずかしめを与えたことで後世に私たちの復讐の志を示すのに不足はないでしょう」とオケ。

　「貴方の言われることは道理にかなっている」とヲケ天皇は了承した。

　『古事記』顕宗天皇（ヲケ）条によるとオケは陵を壊したが少しです。しかしオケは「念願の報復は他人の手をつかわず兄のオケが道理にかなうように破壊の証拠（怨念の証拠）を残した」とヲケに伝えます。一方の『日本書紀』顕宗紀2年（486、丙寅）8月1日条では、「陵を壊して骨を砕いて投げ散らしたい」とヲケは激しく憤ったが、オケの強い説得によって陵の破壊は断念したと書かれています。

　ちなみに顕宗天皇2年の丙寅を干支3運180年繰り下げると天智天皇5年（666、丙寅）にあたります。この年（近江遷都の前年）には「陵を壊した」というような記事はもちろんありませんが、「この冬は京都(みやこ)の鼠が近江に向かった。百済の男女2000人余りを東国に住まわせた」とあり、そして翌年の2条には「斉明天皇と間人皇女を小市岡上陵に合葬した」と書かれています。

第3章　蘇我馬子は大王だった

　先述のようにはオケは天武の分身であり、ヲケは天智の分身ですが、雄略は欽明＝ワカタケル大王と大王馬子（用明）の分身・虚像です。欽明が稲目のことで馬子が稲目の子であるならば馬子は欽明の子です。馬子に殺害されたオケとヲケの祖父彦人大兄は馬子の甥になります。

　『古事記』のヲケとオケの物語では雄略の陵の破壊は「すこしそのあたりを掘った」としていますが、馬子の墓（石舞台古墳）の破壊はその程度で済まされたのでしょうか。ヲケは兄オケに「必ずすっかり破壊すべきではないか」（『日本書紀』顕宗紀）と言っています。

　石舞台古墳は封土のすべてが取り除かれ、巨大な石室が地上に露わになり、玄室に置かれていた石棺（遺体の入る棺）も遺物も持ち去られています。とすると、「復讐の志を示すのに不足はないでしょう」（『古事記』）と兄オケがいったように、「見せしめ」として累累と積み重なった巨石のみ今に残ったのかもしれません。

　しかしそれはオケが言うような「少し」ではなく徹底的に暴かれていたのです。『日本書紀』と『古事記』は馬子の墓の破壊については適当に史実をより分けて描いています。

◈天智の近江遷都
　石舞台古墳が暴かれた年は667年（天智6年の干支は丁卯）以降、つまり天智称制（皇太子時代、661-667）以降と考えられます。天智6年（667）というと、この年の3月19日天智は近江に遷都しています。『日本書紀』天智天皇6年3月19日条と同7年正月3日条には次のように書かれています。

　　　この時（3月）、天下の人民は遷都を願わず、遠回しに諫める者が多く、童謡も多かった。日ごと夜ごとに火災が頻発した。7年（678）正月3日、皇太子は天皇の位についた（ある本に6年3月に皇位につかれたという）
　　〔筆者注：斑鳩寺が焼けたのは天智8年、法隆寺が全焼したのはもちろん天智9年4月〕。

67

天智が近江に都を移したのに対して、馬子を崇拝しかつ尊敬していた天武（母は馬子の娘法提郎媛）は、馬子が造営した飛鳥寺の近くに宮殿を造営します。伝飛鳥板葺宮跡の上層の遺構は天武の飛鳥浄御原の宮殿跡と考えられます。

　聖徳太子（大王馬子の分身）が建立した斑鳩寺（原法隆寺）を解体したのは、馬子の墓を暴いた天智でしょう。天智は天武（馬子を祖父とする）と違い、馬子を仏教王＝聖徳太子として崇める気持ちはさらさらありません。

　『日本書紀』天智天皇9年（670）4月30日条に「一屋も余ること無し」と、法隆寺が全焼したかのように書かれていますが、斑鳩寺と見られる若草伽藍に使用されていた瓦の「火中痕」からみて、「若草伽藍の火災は金堂・塔を一瞬のうちに焼失させる規模ではなかった」ことが菅谷文則（1942-、元奈良県立橿原考古学研究所所長）の論文「法隆寺若草伽藍について」（『橿原考古学研究所論集』巻9）で明らかになっています。

　とすれば天智は斑鳩寺の落雷による火災で一部焼失したのを機会に斑鳩寺を解体したのでしょう。当時、天智にとって大王馬子が建てた斑鳩寺は目障りであるばかりか、唐の侵略と旧蘇我系勢力の復活を恐れていたからです。天智天皇の近江遷都はある意味では天智の曾孫桓武天皇の平安京遷都（後述）と似ています。

　天智は馬子を憎みますが、天武はむしろ馬子を親族として好悪綯交ぜの感情をいだいています。それはオケが「私たちの叔父です。また天下を治めた天皇です」とヲケを窘める言葉に現れています。

第4章　百済系継体王朝の成立

4-1　大海人＝古人大兄＝天武天皇

◈皇位継承の順番

『日本書紀』顕宗天皇即位前紀に弟の弘計が先に即位し、兄の憶計（仁賢天皇）が弟の後に天皇になったという物語は先述しました。当時、特別なことがないかぎり弟が兄よりも先に即位することは異例です。

ところが弟の天智が兄天武の先に即位したという説が近年飛び出し、その信憑性のきわめて高いことが証明されています。実は『日本書紀』に書かれている兄天智と弟天武は母が異なるばかりでなく、真実は天武の年齢が上だったという説です。

この「天武年上説」は『日本書紀』に慣れ親しんでいる学者や研究者にとって、『日本書紀』の根幹を揺るがすことになるのでいまだに通説にはなっていません。しかし『日本書紀』の虚構と真実を知る上では放置しておくことのできない説です。その信憑性を検証していくことにします。

蘇我入鹿の首が切られてまだ興奮も冷めやらぬ皇極天皇4年（645）6月14日、天皇（皇極）は中大兄（天智）に皇位を譲ろうと思い、その旨を中大兄皇子に告げます。中大兄皇子はさっそくそのことを中臣鎌子（以下、鎌足）に相談します。

すると鎌足は「古人大兄皇子は殿下（天智）の兄です。軽皇子（孝徳天皇。皇極天皇の弟）は殿下の叔父です。今、古人大兄皇子がいるにもかかわらず、殿下が天皇の位につくことになったら、人の弟としての謙遜の心に反することになります。しばらくは叔父君を立てて人民の望みに応えるほうがよいのではないか」と助言します。

鎌足の意見に納得した中大兄はこのことを母の皇極に伝えます。そこで皇極天皇は皇位継承の神器を実弟の軽皇子に与えます。しかし蝦夷・入鹿を倒した功績から中大兄が即位するのが当然であり、周囲もいわゆる「人民」も納得するはずです。それが即位しないというのはよほどの事情がなければなりません。

　しかも中大兄には大海人という実弟がいます。皇位継承の順番から言えば、中大兄→大海人→古人大兄→間人皇女（中大兄と大海人の妹）→軽皇子です。おそらく皇極天皇は弟の軽皇子に策書（即位の辞令書）を渡す際、「このような事情だからしばらく天皇をつとめてほしい」と頼んだのでしょう。

　ところが皇極からむりやり天皇即位を押し付けられた軽皇子は「古人大兄は先の天皇（舒明）の子です。そしてまた年長でもあります。この2つの理由から即位するのにふさわしい」と言って古人大兄に譲ろうとします。軽皇子が言うように舒明天皇の子古人大兄は中大兄より年長です。その時の様子は「孝徳紀」即位前紀は次のように描写されています。

　　すると古人大兄は、座を下りてあとずさりし、拱手すると「天皇の勅に従いましょう。どうしてわざわざ私に譲ることがありましょうか。私は出家して吉野に入り、仏道を修め勧めて、天皇をお助けしたいと思います」と言って辞退した。そして、佩刀を解いて地に投げ出し、帳内に命じて全員の刀を解かせた。それから自ら法興寺（飛鳥寺）の仏殿と塔の間に詣でて、髪と鬚を剃り裂裟を着た。こうして軽皇子は固辞することができないまま即位した。

　もともと中大兄皇子は鎌足の忠告に従って当分は即位するつもりはなかったし、即位できない特別な事情もあったのです。古人大兄はその事情を知っていたので出家という手段で即位することを回避します。

　ところが軽皇子が即位した孝徳天皇元年（645）6月14日から26年ほど経った天智天皇10年（671）10月17日のことです。天智は病が重くなっ

たので東宮を招きます。東宮とはふつう皇太子の意味ですが、ここでは天智の実弟大海人皇子をさしています。

※大海人＝古人大兄

　即位せず皇太子として政務をとる天智称制（661・7・24）以来、『日本書紀』に東宮大海人皇子が登場するのは、天智3年（664）2月の「天皇は大皇弟に命じた」という記事、「天皇は東宮大皇弟を藤原内大臣の家に遣わして大織冠と大臣の位を授けられた」という同8年（669）10月の記事、同10年（671）正月6日の「東宮大皇弟が勅を奉じて告げて冠位・法度（法令）のことを施行した」という記事と、今回の天智10年10月17日の記事です。

　さて、法隆寺焼失の翌年の天智10年10月17日、天智天皇が大海人を病床に招いて言ったことは次のようなことでした。また、同じ内容の話が「天武紀上」即位前紀に書かれているので便宜上AとBを付します。

　A　「私は重病である。後事をお前に譲りたい」云々と言った。すると東宮（大海人）は再拝して、病と称してこれを固辞して受けず、「どうか天下の大業を大后に付託なさり、大友王にすべての政務を執り行っていただくようにお願いします。私は天皇のために出家して修行したいと思います」と言った。天皇はこれを許した。東宮は立ち上がって再拝し、そのまま宮中の仏殿の南に行って、胡床に腰を掛け、鬚や髪を剃り落として僧となった。ここに天皇は次田生磐を遣わして袈裟を送った。

　　19日東宮は天皇に会って、吉野に行って仏道修行をしたいと願い出た。天皇はこれを許した。東宮はすぐさま吉野に入った。大臣たちは菟道まで見送ってから引き返した。（天智天皇10年10月）

　B　（天武天皇は）天命開別天皇（天智の和風諡号）の元年（称制七年）に皇太子となった。10年（671）の冬10月17日、天智天皇は病気

になり、苦痛がはなはだしかった。そこで蘇我臣安麻呂を遣わして、東宮を呼んで大殿に召しいれた。さて、安麻呂はもともと東宮の好誼を受けていたので、そっと東宮を呼んで「用心してお話しください」と言った。この時、東宮は陰謀があるのではないかと疑って、用心をした。天皇は皇位を授けようと言った。

　東宮は辞退して、「不運にも、私はもともと多くの病をかかえています。どうして国家を保つことができましょう。どうか陛下よ、天下を皇后に付託なさってください。そうして大友皇子をたてて皇太子として下さい。私は今日出家して、陛下のために功徳を修めたいと思います」と言った。天皇はこれを許した。その日に東宮は出家して法衣を着た。そうして私有の兵器を残らず官司に収めた。

　19日東宮は吉野宮に入った。この時、左大臣蘇賀赤兄臣・右大臣中臣金連及び大納言蘇賀果安臣らは、菟道まで見送った。ある人が、「虎に翼をつけて放した」と言った。20日吉野に到着した。この時、諸々の舎人を集めて、「私はこれから仏道修行をしようと思う。そこで、私に従って修行しようと思う者は留まれ。もし朝廷に仕えて名を成そうと思う者は、近江に帰って官司に出仕せよ」と言った。しかし退出するものはなかった。再度、舎人を集めて、前と同様の言葉が繰り返した。こうして舎人たちの半分は留まり、半分は退出した。（天武天皇即位前紀）

　すでに読者諸氏もすでに気付いていると思いますが、皇極天皇の弟孝徳（軽皇子）に皇位を譲ると言われた際の「孝徳紀」即位前紀の古人大兄の振舞いと、天智天皇に対してとった大海人皇子こと天武の行為（AとB）はほとんど同じです。異なるのは、古人大兄の鬚と髪を切った場所が法興寺（飛鳥寺）で、大海人皇子は宮殿の仏殿の南であったことぐらいです。もし、大海人こと天武が古人大兄と同じことを話したのであれば、天智天皇は病床の身であるとはいえ、二度目には許すはずがありません。吉野に向かう天武を見送ったある人が「虎に翼をつけて放した」と言ったように、

第4章　百済系継体王朝の成立

まさに大海人こと天武の吉野行きは、虎に翼がついたようなものです。

　2つの話のどちらかを虚構とみなければなりません。古人大兄皇子の存在の軽さ曖昧さ、そして後に古人大兄の身辺に起きた事から古人大兄皇子の出家に虚構性が強いといえます。それでは古人大兄皇子に起きた事件とはどのようなものであったのでしょうか。孝徳の即位勧誘を辞退してまだ6ヵ月も経っていないにもかかわらず、次に引用するような不可解な事件が起きたのです。

　　　古人大兄が蘇我田口臣川堀・物部朴井連椎子・吉備笠臣垂・倭漢文直麻呂・朴市秦造田来津と謀反を起こした〔ある本に、古人太子という。またある本に、古人大兄という。この皇子は吉野山に入ったので、あるいは吉野太子という。「垂」はここではシダルという〕。

　　　12日に、吉備笠臣垂は中大兄に自首して、「吉野の古人皇子は、蘇我田口臣川堀らと謀反を企てております。私もその仲間に加わりました」と言った〔ある本に、吉備笠臣垂は阿倍大臣と蘇我大臣とに「私は吉野皇子の謀反に加わりました。それゆえ今自首しました」と言ったという〕。

　　　中大兄は菟田朴室古・高麗宮知に命じて、若干の兵を率いて古人大兄皇子を討たせた。〔ある本に、11月の甲午の30日に、中大兄は阿倍渠曾倍臣・佐伯部子麻呂の二人に命じて、兵士30人を率いて古人大兄を攻め、古人大兄と子とを切らせた。その妃妾は自ら首をくくって死んだという。ある本に11月に、吉野大兄王が謀反を企て、事が発覚して誅殺されたという。〕（孝徳天皇大化元年＝645年9月3日）

◈虚構の古人大兄の謀反

　この記事を最後に古人大兄は『日本書紀』からいっさい姿を消します。そして13年後の天智天皇7年（668）2月23日条に、「古人大兄皇子の娘倭姫王を皇后とした」とあります。妃ならいざ知らず、ものの道理を尊ぶはずの天智が謀反人の古人大兄の娘を皇后にするはずがありませんし、

73

周囲も許すわけがありません。

　さらに、謀反に参画した蘇我田口臣川堀・物部朴井連椎子・吉備笠臣垂・倭漢文直麻呂・朴市秦造田来津ら5人のなかで、倭漢文直麻呂は孝徳天皇白雉5年（654）に高向玄理と一緒に遣唐使の一員として派遣されています。朴市秦造田来津は百済救援軍の指揮官として天智2年（663）に白村江で戦死します。

　物部朴井連椎子も斉明天皇4年（658）11月の有馬皇子を逮捕した物部朴井鮪と同一人物と見られています。このように謀反参画者4人のうち3人が事件後何事もなかったかのように天智政権下で活躍しています。とすればこの古人大兄の謀反はフィクションであったと考える方が合理的です。

　古人大兄は入鹿暗殺の場でも皇極天皇と一緒に大極殿に参席しています。いっぽう天智天皇の実弟大海人皇子は「大皇弟」として『日本書紀』に登場していますが、驚くほど影が薄いといえます。つまり『日本書紀』は大海人皇子の前半生を隠しています。

　同じ時期に古人大兄皇子と大海人皇子というとてもよく似ている人物が、同時に太子であったというのは不自然です。『日本書紀』は大海人皇子を天智の実弟としていますが、実は天智より年長で馬子の娘法提郎媛を母にもつ異腹の古人大兄と同一人物ではないだろうかという疑いです。

　天智の年齢は、「舒明紀」13年（641）10月条に「この時、東宮開別皇子、年16にして誄をする」と書かれていることから自明です。天智の年齢はよいとして、実は天智と天武がともに皇極の生んだ兄弟であることと天智が天武より年上であることに疑いをもつ研究者が現われます。天武年上説です。

　佐々克明（1926-1986、元朝日新聞記者、東アジアの古代文化を考える会」会員。妹に女性運動家で元参議院議員の紀平悌子、弟に元警察官僚で浅間山荘事件を指揮した佐々淳行がいる）は、舒明が死去したときの天武の年齢は20歳で、天智より4歳年上であることや、天武の実の娘が4人も天智に嫁いでいることから天武と天智は兄弟ではなく、天武は新羅の高官金多遂であるとします（『諸君』「天智・天武は兄弟だったか」1974年8月号）。

また、大和岩雄（1926-、大和書房創業者、古代史研究者。季刊誌（『東アジアの古代文化』を創刊）は天智が天武に娘を4人も嫁がせているのは、天武が実の弟ではなく異父兄であったからだとし、天武は宝皇女（皇極）が用明の孫高向王と結婚していた時に生んだ漢王子であるとします。小林恵子は「天武は高句麗から来た」（『別冊文藝春秋』1990年夏号）で、天武を高句麗の宰相蓋蘇文とします。

石渡信一郎は天智が天武に娘を嫁がせたのは大和岩雄が指摘するように政略結婚であることは間違いないが、天武の母は大王馬子の娘法提郎媛であり、古人大兄と大海人皇子は同一人物であるとしました。

すなわち石渡説によると、天智と天武は祖父彦人大兄が馬子によって殺害されて孤児となった舒明を父とすることでは同じだが、天智は馬子によって殺害された彦人大兄の孫茅渟王の娘宝皇女を母としていることです（『日本古代国家の秘密』参照）。ここでは石渡説を採用します。

4-2　天武・持統陵と蝦夷・入鹿の双墓

※天武と持統の野口ノ王墓古墳

倭国が国名を日本と正式に改めたのは文武天皇701年の大宝令によって官名・位号など改正した時と考えられます。天智が王都を近江に移したのに対して、壬申の乱で天智の後継者大友皇子を征した天武（古人大兄）は母方（法提郎媛）の祖父馬子が造営した飛鳥寺の近くに宮殿を造営します。伝飛鳥板蓋宮の上層の遺構は天武の飛鳥浄御原宮の跡（飛鳥寺の南、飛鳥川右岸）とされています。

柿本人麻呂の歌に「明日香の　真神の原に　ひさかたの　天つ御門をかしこくも　定めたまいて」（『万葉集』巻2-199）とあるように、飛鳥寺の所在地も「真神原」と呼ばれていました。

天武が蘇我王朝3代（馬子・蝦夷・入鹿）に対して親近感をいだいていたことは、天武と皇后持統の合葬墓が野口ノ王墓古墳（八角墳。径39m）

が檜隈の地にあることからもわかります。檜隈は蘇我王朝の爪牙（軍事集団）ともいわれる東漢の本拠です。

『日本書紀』によれば朱鳥元年（686）9月に亡くなった天武のために、持統元年（687）10月条に「大内陵」（野口ノ王墓古墳）の造営が開始され、持統2年（686）11月に天武の遺骸を「大内陵」に葬ったと書かれています。大王蝦夷・入鹿が生前に墓をつくったように、天武も寿墓として自分の墓の造営地を決めていたのでしょう。

皇后持統も母越智娘が蘇我倉山田石川麻呂（馬子→倉麻呂→蘇我倉山田石川麻呂→越智娘→持統）の娘であったので天武同様に蘇我王朝に対して少なからず親近感を持っていました。

野口王墓古墳が天武・持統の合装墓であることは、藤原定家の『明月記』や京都栂尾高山寺（京都市右京区栂尾）に伝えられる文書『阿不幾乃三陵記』によっても明らかです。アフキ（阿不幾）は、オホチ（大内）のオホが、アフと変わり、チがキの訛ったものです（カ行・タ行の子音の交替）。

※明日香村の巨大古墳双墓

天武・持統の八角墳は道教の天皇大帝（宇宙の中心にいる上帝）に由来し、八角形の思想は天皇の玉座である高御座に受け継がれるといわれています。天智の山科御廟（京都市東山区）、田村（舒明）の段ノ塚古墳（桜井市大字忍坂）も八角墳です。中（間人皇女）・宝王女（皇極、重祚斉明）の小谷南古墳（合葬墓、橿原市鳥屋町）は円墳ではないかといわれていますが、八角墳の可能性が大です。

さて本題に入ります。考古学者藤井利章（藤の木古墳の発掘担当者）によれば野口王墓古墳は一辺約175mの方壇の上に築造されており、その西部は持統のための造墓地であったが、持統の遺骸は火葬に付され、天武の墓に合葬したというものです（『末永先生米寿記念献呈論文集』「飛鳥谷古墳集団の復原とその歴史的意義」）。

皇極天皇元年（642）この歳条に大臣の蝦夷が国中の部曲（豪族の私有民）を使役して、蝦夷・入鹿の「双墓を今来に造る」と書かれています。で

第4章　百済系継体王朝の成立

天武・持統天皇合葬陵方壇部・八角部墳丘推定復原と俎古墳関係図

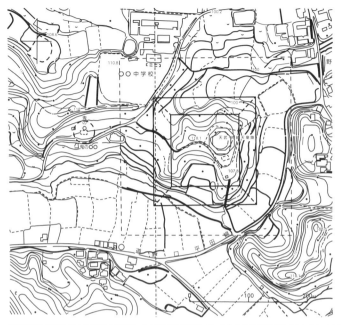

（藤井利章「飛鳥谷古墳集団の復原とその歴史的意義」『末永先生米寿記念献呈論文集』より）

はその"今来"とはどこの地をさしているのでしょうか。
　通説では「今木の双墓」は喜田貞吉以来、奈良県御所市古瀬（近鉄吉野線とJR和歌山線の合流する吉野口駅下車）の水泥塚穴古墳（径20mの円墳）とその近くにある水泥南古墳（径20mの円墳）とする説が有力でした。
　しかし横穴式石室の編年からみて、水泥塚穴古墳の年代は6世紀末から7世紀初めと推定されています。かつまた蘇我蝦夷が国中の部曲を使役して造ったとする巨大な双墓と考えるには径20mの水泥穴古墳も水泥南古墳もあまりにも小さすぎます。
　ちなみに『日本書紀』「欽明紀」7年条に倭国今来郡として「5年の春、川原民直宮が良馬を手に入れ、飼育していたところ、大内丘の谷を越え渡ること、18丈であった。川原民直宮は檜隈邑の人である」と書かれています。この「今来の大内丘」は野口王墓古墳のある丘であることはいうま

77

でもありません。

『日本書紀』皇極天皇4年（645）6月13日条に「是の日に蘇我蝦夷及び鞍作（入鹿）が屍を墓に葬ることを許す」とあるので、天智時代に「今来の墓」が破壊されるまでは、蝦夷と入鹿はそれぞれ「大陵」「小陵」に葬られていたのでしょう。「大陵」の位置は馬子を崇拝していた天武にとって、蘇我王朝の大王蝦夷の跡に自分の墓を造ることは誇らしいことであったにちがいありません。

4－3　高松塚古墳の被葬者だれか

※大極殿の日と月を描いた旗

『続日本紀』（以下、『続紀』）の文武天皇大宝元年（即位して5年目の701）正月1日条は次のような記事で始まります。

　　　文武天皇が並みいる官人の前に姿を現した大極殿の正門に烏形の旗（先端に烏の像の飾り）を立て、左には日像・青竜（東を守る竜）・朱雀（南を守る鳥）の旗、右側には月像・玄武（北を守る鬼神）・白虎（西を守る虎）の旗を立て、蕃夷の国の使者が左右に分かれて並んだ。

この大極殿の日（太陽）と月を描いた旗は、高松塚古墳の石室（1972年発見）の東西南北の壁に描かれた青竜（東壁）・白虎（西壁）・玄武（奥壁・北）・朱雀（南壁。盗掘のため確認できず）の4神にソックリです。青竜には太陽、白虎には月が描かれているのも同じです。

であれば大宝元年（701）元旦の青竜・白虎に太陽と月を描いた旗は、日並知（草壁皇子）の子文武が"日嗣の皇子"＝現御神（アマテラスの子孫）として大八嶋国＝日本を治めることを慶賀する天皇家のシンボルであった可能性があります。

❖ "日並知" と呼ばれた草壁皇子

　高松塚古墳は奈良県高市郡明日香村平田にある下段径23m、上段径18m、高さ5mの2段式の円墳です。藤原京期（694-710）の文武か元明天皇（草壁皇子の妃）のいずれかの天皇の代に築造されたと考えてよく、もっとも可能性が高いのは元明天皇の在位中（707-715）といえるでしょう。古墳の築造年代がわかれば被葬者もわかるはずです。

　筆者（林）は高松塚古墳の被葬者は "日並知" と呼ばれた草壁皇子を推し、高松塚古墳を築造したのは元明天皇（草壁の妃、在位707-715）＋藤原不比等とみます。そして築造された時期は平城京遷都（710年）か『古事記』完成（712年）の前後でしょう。

　真弓丘陵（別称岡宮天皇陵。所在地：奈良県高市郡高取町大字森、近鉄吉野線壺阪山駅下車）という宮内庁管理の天皇陵があります。そもそも真弓丘陵が岡宮と呼ばれるようになったのは『続紀』廃帝淳仁天皇天平宝字2年（758年、恵美押勝こと藤原仲麻呂の時）8月9日条に次のように書かれているからです。

　　　日並知皇子命（草壁皇子）は、世間ではまだ天皇と称されていない。しかし皇子の如き人に、天皇の尊号を追号することは古今東西の恒例である。今後、 岡宮御宇天皇 と称し奉るべきである

　以来、この真弓丘陵は草壁皇子の墓にあてる説がありました。実は昭和47年（1972）の高松塚古墳の発見以来、終末古墳の調査を進めてきた県立橿原考古学研究所（以下、橿原考古研）は昭和59年と昭和60年の2次にわたって岡宮天皇陵の北方300mの佐田集落の奥にある束明神古墳（近鉄吉野線「壺阪山駅」より徒歩20分。所在地：奈良県高市郡高取町大字越智小字南西久保の春日神社境内）を発掘調査しました。

　調査の結果、束明神古墳は数回の盗掘によって副葬品が何も残っていないことや、古墳が八角墳であることがわかっています。しかし石室内から検出された歯牙6本は青年期から壮年期男性の被葬者のものと推定されま

した。地元では古くから束明神古墳は草壁皇子の墓であるという伝承が残っていました。

　古墳のある場所が「佐田」と呼ばれていることや、墳丘が八角墳であること、石室内で見つかった人歯が草壁の死亡年齢とほぼ一致することから被葬者は草壁皇子の可能性が高いとされています。ちなみに『万葉集』に収録されている柿本人麻呂の草壁皇子の死を悲しむ歌（挽歌）に「佐太の岡」や「真弓の岡」が記されています。

・外に見し真弓の岡も君座せば常つ御門と侍宿するかも（174）
・朝日照る佐太の岡辺に群れ居つつ吾等が泣く涙やむ時もなし（177）
・橘の島の宮には飽かねかも佐太の岡辺に侍宿しに往く（179）
・鳥座立て飼ひし雁の子巣立ちなば真弓の岡に飛び還り来ね（183）

　佐田集落では幕末までこの束明神古墳を岡宮天皇陵として祭っていましたが、明治維新政府は突然草壁皇子の御陵に指定するという通知をだします。佐田村の人たちは強制移住を恐れ、束明神古墳の石室を破壊してしまいました。

　その結果、明治政府の指定する御陵は佐田村の 300m 南の素戔嗚神社の本殿の地（現岡宮天皇陵）とされ、素戔嗚神社は御陵の東側に移されます。おそらく真弓丘陵＝岡宮天皇陵は江戸後期（天保 5 年頃）から明治にわたって指定されたのでしょう。もちろん真弓丘陵は宮内庁の管理下にありますから発掘調査はできません。

　※石室に遺された海獣葡萄鏡
　さて、高松塚古墳発掘の詳細は担当者盛岡秀人と網干善教共著の『高松塚古墳』（読売新聞社、1995 年）に譲ることにし、高松塚古墳の被葬者が草壁皇子である根拠を説明することにします。
　高松塚古墳の石室内は盗掘（鎌倉時代）によって荒らされ、漆塗りの木棺の破片、金銅製透飾金具（径 10cm、厚さ 0.1cm）が 1 個、金銅製円形飾

第4章　百済系継体王朝の成立

金具（径 4.8cm、厚さ 0.2cm）が 2 個、より小さい金銅製円形飾金具（径 3.5-3.7cm、厚さ 0.15cm）が 6 個、金銅製六花文座金具 2 個（径 2.5cm、厚さ 0.2cm、中央に穴）などが散らばって見つかります。これら金具の出土物は木棺に使用された遺物の一部です。

　目立った副葬品の遺物は白銅製の海獣葡萄鏡 1 面（後述）、銀装大刀の外装具（盗掘によってか本体の刀身と鍔は見つからず）、玻璃（ガラス）製丸玉 6 個です。肝心の被葬者の遺体として大臼歯 2 個、小臼歯 1 個の歯牙、上腕骨、四肢長管骨、脛骨が出土しています。ちなみに頭蓋骨がみつからないことから梅原猛は『黄泉の王』で忍壁皇子の斬首説を提唱しています。

　私は高松塚古墳の被葬者が草壁皇子である有力な証拠として海獣葡萄鏡をあげます。王仲殊（元中国社会科学院考古研究所所長）は「高松塚古墳の海獣葡萄鏡は中国陝西省の独孤思貞墓から出土した海獣葡萄鏡と同范鏡の関係にあり 704 年の遣唐使によってもたらされた」と指摘し、高松塚古墳の被葬者を忍壁皇子（?-705、天武の子、母は宍人臣大麻呂の女。壬申の乱で天武に同行、大宝律令選定を指揮）としています。

　王仲殊の忍壁説は直木幸次郎、猪熊兼勝、菅谷文則、梅原猛と同じで一番多く、その理由は忍壁皇子の死去が高松塚古墳築造の時期と接近しているからです。王仲殊も高松塚の被葬者を忍壁としていますが、「海獣葡萄鏡は 704 年（文武天皇慶雲元年）遣唐使によってもたらされた」という王仲殊の考察は注目すべきです。

　というのは文武天皇慶雲元年（704）第 7 次遣唐使粟田真人が大宰府に到着し、その年の 10 月に新神祇制度（人と神を統治して天下を治める）施行準備中の藤原不比等ら律令政府首脳に会見しています。おそらく粟田真人は唐（周）の則天武后から文武天皇あてにもらった海獣葡萄鏡を藤原不比等に手渡したと考えられます。

　高松塚古墳は日嗣の皇子と呼ばれた草壁皇子のための墓です。天武の皇子 10 人の中でトップの草壁と皇位継承序列 9 番目の忍壁とは格段の差があります。高松塚が忍壁皇子の墓であるはずはありません。草壁は天武と持統の嫡子にして"日並知皇子"です。

※柿本人麻呂の挽歌「橘の島の宮」

　草壁皇子は阿部皇女（元明天皇）の夫にして文武天皇の父です。元明と文武の後見人藤原不比等は『古事記』が完成する712年前後（元明天皇在任中）に高松塚古墳に遺体を先の束明神古墳から移したものと考えられます。

　したがって高松塚古墳は元明天皇と藤原不比等が草壁皇子のために造った陵と考えられます。しかし被葬者の遺体として石室内で見つかった大臼歯2個、小臼歯1個の歯牙、上腕骨、四肢長管骨、脛骨は草壁皇子の遺体の一部であるとは断定できません。むしろ別人の遺体の一部の可能性が高いと私は思います。

　ちなみに先述の柿本人麻呂の挽歌に「佐太の岡」や「真弓の岡」や「橘の島の宮」が記されているのは藤原不比等にとってきわめて不都合であったにちがいありません。とくに「橘の島の宮」は大王蘇我馬子＝聖徳太子の居城です。しかも天武＝古人大兄皇子は大王馬子の娘法提郎の子です。

　人麻呂の挽歌（言挙げ）が不比等の構想する「アマテラスを祖とし初代天皇を神武とする万世一系天皇」の物語にどれほどの障害になるのか、不比等自身が一番よく知っていたはずです。事実、『続紀』元明天皇和銅元年4月20日条に「従4位下の柿本佐留が卒した」と記されています。

　柿本人麻呂が死去した和銅元年（708年）は元明が即位した慶雲4年7月14日の翌年ですが、元明は即位にあたり「不改常典」（天皇が天つ日嗣にして皇位につくことの法）を宣言します。人麻呂は天武・持統に仕えた超一流の宮廷歌人です。草壁皇子はこの天武と持統の日嗣の皇子です。

　この日嗣の皇子の后あたる元明が即位した翌年に「人麻呂が死んだ」という味も素気もないたった一行にも満たない記事はよくないことを暗示しています。しかもこの無味乾燥の記事の「柿本佐留」の「佐留」は明らかに差別名の“猿”に通じます。これは蘇我王朝3代の馬子・蝦夷・入鹿の差別名に酷似しています。

　梅原猛が『水底の歌』でいみじくも指摘したように人麻呂は藤原不比等政権下で流罪あるいは刑死の罪に陥れられたとみるのが自然でしょう。

第4章　百済系継体王朝の成立

4-4　「倭」はいつから「日本」と呼ばれたか

※粟田真人ら第7次遣唐使一行

　大宝元年（701）正月元旦文武天皇（18歳）が日象・月像・青竜・朱雀・玄武・白虎の旗で迎えられた朝賀の儀式から1ヵ月も経たない正月23日、粟田真人（民部卿）を第7次遣唐執節使とする一行のメンバーが発表されます。

　『続紀』には遣唐使一行が出発した正確な日は記録されていません。しかし「遣唐使らが去年九州から出港したが、風浪が激しく渡海が困難であった。この時ようやく動き出した」とあるので、大宝2年（702）6月29日に九州を出港したことは確かです。

　粟田真人ら遣唐使一行がいかなる目的で派遣されたのか、粟田真人がどのような人物なのか、『続紀』から知ることはできません。わかっていることは遣唐使一行が出発してから2年後の文武天皇慶雲元年（704）7月1日に大宰府に帰国し、その年の10月粟田真人は藤原不比等ら政府首脳部に会見しています。

　ところで『旧唐書』（945年成立）という5代晋〔後晋（936-946）〕の時代の劉昫（887-946）による中国の歴史書があります。この書の東夷倭国伝は倭国伝と日本伝に書き分けられていますが、その日本伝に粟田真人遣唐使のことが記録されています。

　しかし『旧唐書』の記事だけでは第7次遣唐執節使と唐（周）の交渉内容を知ることができません。内実は粟田真人らが「日本は古くは小国だったが、倭国の地を併合して日本という国名にあらためた」ことを唐側の了承を得ようとしたに違いありません。

　しかし唐の則天武后はそれに同意しなかったので、粟田真人は則天武后の「倭国が日本と国名を改めた」いう主張を受け入れざるをえなかったのが事の真相のようです。国名を「日本」とするか「倭」とするかは、当時

83

編纂途上にあった『古事記』(712年太安万侶撰上) と『日本書紀』(720年) に大きな影響をおよぼします。

初期律令国家が唐の「九州にあった倭国が大和の日本国を併合し、国名を日本国とした」という主張を受け入れ、神武から始まる開化までの天皇の和風諡号に「日本」を使用することを最終的に決定した時期は、『日本書紀』が完成する3年前の遣唐使丹治比県守（たじひのあがたもり）が帰京した年の719年（養老3）と考えられます。

古代歴代天皇のなかで「日本（やまと）」が付く和風諡号の天皇は、神武（初代）・懿徳（3代）・孝安（6代）・孝霊（7代）・孝元（8代）・開化（9代）と律令期の元明（43代）・元正（44代）の合計8人です。

そもそも「日本」か「倭国」かの呼称は、粟田真人遣唐使（703年）以前の天智（中大兄）の白村江の戦（663）や天武の壬申（じんしん）の乱（672）から唐（周）・倭国間の懸案事項でした。白村江の戦では中大兄（百済系渡来集団の末裔）は国家存亡をかけて百済救援軍を送ったにもかかわらず、唐・新羅連合軍の圧倒的な力に敗北しました。

おそらく粟田真人遣唐使一行には白村江の戦で連行された日本人捕虜の引き取りの件もあったのでしょう。中大兄（天智）は白村江の戦い後、唐・新羅連合軍がさらに九州地方に攻めてくると危惧しました。

敗北を恐れた中大兄は倭国を九州島の倭国と四国・本州（未征服地エミシの地を含む）を領域とする日下（くさか）（日下の好字が日本となる）国に分離し、日下国こと日本は小国で唐・新羅と国交のない国としました。その間、天智は近江遷都（667年、翌年天皇に即位）を敢行します。

※文武天皇704年の新神祇制度

文武天皇慶雲元年（704）の7月1日大宰府に到着した粟田真人ら遣唐使一行は10月7日帰朝報告をします。その頃藤原不比等政府首脳部は新神祇（しん）制度＝司牧人神（しぼくじんしん）（人と神を統治して天下を治める）施行のための最終段階に入っていました。

実は704年10月文武天皇によって出された新神祇制度の詔勅（しょうちょく）が3年か

けて元明天皇慶雲4年（707年の丁未）に施行されます。この日本の宗教・思想の根幹にかかわる新神祇の施行が、『続日本紀』には記録されていません。

ただし『続日本紀』元明天皇慶雲4年6月24日条に「不改常典」（改わることのない常の典）について次のような元明天皇の詔が発せられます。要約して次に引用します。

　　　藤原宮で統治してきた持統天皇はこれまでの業（わざ）を丁酉（文武天皇元年697年）8月草壁皇子の嫡子文武に譲渡（生前退位）し、二人で天下を治めた。これは近江の大津宮で統治された天智天皇が不改常典として定め実施された法を、受け継ぎ行われた。

　　　この天皇の統治する政（まつりごと）は天地と共に永遠に改わることのない掟（おきて）として立てられた国家統治の法も傾くことなくゆるぎなく続いてゆくであろう。天皇が天つ日嗣として高御座（皇位）につかれ、国家天下を撫で慈しまれてきたのは、神として思う。

大宝律令のあと藤原不比等を中心にして作られた不改常典を含むこの新神祇制度（養老律令。養老2=718年『大宝律令』を修正）は天平宝字元年（757）藤原仲麻呂によって施行された可能性があります。「律令」（律は刑法、令はその他）の律は一部が遺り、他は散逸しています。しかし石原正明（1760-1821、国学者）の『律逸』、国史大系本などにその逸文が収録されています。

藤原仲麻呂は不比等の長子藤原武智麻呂（むちまろ）（680-737）の次男です。武智麻呂は『日本書紀』の編纂や父不比等の律令制度の施行に深くかかわっています。新神祇制度は大宝律令の改訂として追加修正された法令（＝格）の一つである神祇令（じんぎりょう）ですが、内容上、極秘事項とされたと考えられます。したがって孫の藤原仲麻呂（706-764）も祖父の新神祇制度については秘密を守ったのでしょう。

※アマテラスを祖する万世一系天皇の系譜

　藤原不比等が施行した「新神祇制度」を一口で言えば、“アマテラスを祖とし、神武を初代天皇とする天皇の系譜”を決定したことです。本来、この重大な国家イデオロギーの決定は、その成立過程を国の内外に説明し了解を得なければなりません。

　しかし初期律令国家の藤原不比等を長とする首脳陣は唐との交渉・説明を最優先し、倭国内における説明・了解はおろそかにしました。つまり国内では極秘事項としたのです。もっともそれには初期律令国家以前の「新旧２つの朝鮮渡来集団による日本国家の成立＝天皇の歴史」と「アマテラスを祖とする万世一系の天皇」の矛盾を説明しなければならないので“無理難題”だったのです。

　ところが文武天皇慶雲元年（704、甲辰年）に始まり元明天皇慶雲４年（707年の丁未）に実施された新神祇制度は記録されなかったのではなく、『日本書紀』崇神天皇４年（紀元前94、丁亥）から同９年（紀元前89、壬辰）までの記事として復元（挿入）されていたのです。

　つまり藤原不比等が施行した新神祇制度を崇神天皇が行ったことにして干支13運（60年×13運）+10年＝790年さかのぼらせて『日本書紀』崇神紀に挿入しています。それでは崇神天皇４年（紀元前94、丁亥）の10月23日の記事を引用します。

　　４年（丁亥）10月23日、崇神天皇は「そもそも我が皇祖のすべての天皇が、皇位を継ぐ政事を行ってきたのは、ただ一身のためではない。思うに人と神とを統治し、天下を治めるためである。それゆえによく世々に深遠な功績を広め、時につけ最上の徳行を天下に流布されたのである。今、私は皇位を継承し、民を愛育することとなった。いかにして、いつまでも皇祖の跡を継承し、永く無窮の皇統を保持すればよいだろうか。それは群卿・百僚ら、お前たちが忠誠を尽くし、共に天下を平安にすることが、何より大切であろう」と詔した（傍点、筆者）。

第4章　百済系継体王朝の成立

　引用後半の、「いつまでも皇祖の跡を継承し、永く無窮の皇統を保持すればよいだろうか」という箇所は、大日本帝国憲法（明治憲法）告文の「天壌無窮」「神の宝祚を承継」（明治22年）や、明治憲法の翌年に公布された教育勅語「天壌無窮の皇運を扶翼すべし」（明治23年）、さらに昭和12年（1937）文部省が発行した『国体の本義』の諸言冒頭の「御民吾生ける験あり天地の栄える時に会えらく念」に酷似しています。

　もちろん元明天皇慶雲4年（704）6月条の詔「天地と共に永遠に改わることのない掟」（不改常典）に似ているのも当然のことです。これら「不改常典」「明治憲法」「教育勅語」「国体本義」が似ているのは『日本書紀』神代下第9段1書第1のアマテラスから孫のホノニニギ（火瓊瓊杵尊）に次のように告げられた、いわゆる「天孫降臨」の際の言葉に由来しているからです。〔筆者注：第9段の正文では司令神はタカミムスヒ。一書のアマテラスのような詔勅の言葉はない。〕

　　葦原千五百秋瑞穂国は、我が子孫が君主たるべき地である。汝皇
　　孫よ。行って治めなさい。さあ、行きなさい。宝祚の栄えることは、
　　天地とともに窮まることがないだろう。

　ちなみに『日本書紀』景行天皇40年是年条に「かがなべて　夜には九夜　日には十日を」という歌があります。訳者頭注によりますと「かがなべて」は「複数の日を並べて（万葉集263)」とあります。『万葉集』の263とは次のような歌です。「馬ないたく　打ちてな行そ　日並べて　見ても我が行く　志賀にあらなくに」

　この歌の「日並」は天武と持統の嫡子草壁皇子の"日並知"と同義です。また柿本妃人麻呂の歌の解題「日並皇子尊の殯宮の時に柿本人麻呂の作る歌一首」の「日並」と同じような意味です。

　先の景行天皇40年の「かがなべて……」は夜警の者がヤマトタケル（『日本書紀』は日本武、『古事記』は倭建）のために歌ったものですが、最

87

後の「十日」は意味不明です。しかし「十日」の倒置（ひっくり返すこと）は「日十」になります。すると隅田八幡鏡銘文の「日十大王」の「日十」（倭王武＝昆支）と同義ではないでしょうか。

　また日下→日十→日本（好字）になります。ヤマトタケルは大王になれなかった悲劇の皇子です。藤原不比等ら『日本書紀』編纂者は草壁皇子との分身として天皇になれなかった悲劇の王子ヤマトタケル（倭武）を連想したのでしょうか。ここまでくると私の考えすぎかもしれません。

第5章　律令国家日本と八幡神

5-1　右大臣藤原不比等

❖太安万侶の墓

　延暦16年（797）に完成した『続日本紀』（以下『続紀』）は、文武天皇から桓武天皇までの95年間の歴史を扱った歴史書です。当初、光仁天皇の命で石川名足、淡海三船らが編纂に従事しますが、途中トラブルのため桓武天皇の再度の命によって菅野真道らによって全40巻が完結します。

　淡海三船（722-785）は弘文天皇（大友皇子。天智と伊賀采女宅子の子）の祖孫ですが、孝謙天皇天平勝宝2年（751）の臣籍降下で淡海真人の氏姓を賜与され、御船王から淡海三船に名を改めます。

　従来、太安万侶（?-723）による『古事記』に偽書説があります。しかし和銅5年（712）の多臣品治の子太安万呂による元明天皇への『古事記』献呈は本当ですが、『古事記』編纂の過程において太安万侶は時の権力者藤原不比等の完全なる制約下にあったと考えられます。そのことは太安万侶の墓が天智系光仁天皇の墓（奈良市日笠町。近鉄奈良駅から田原方面バス「日笠」バス停下車）の近くに発見されたことからも明らかです。

　光仁天皇は天応元年（781）12月に亡くなりますが、翌年の正月7日広岡の山陵（添上郡旧広岡付近）に葬られます。そして5年後の桓武天皇延暦5年（786）10月に大和国田原陵に改装されます。恐らくは太安万呂は藤原不比等の下で従属的な役割を十分果すことによって、その生存中は藤原不比等と不比等の子で「記紀」編纂者の責任者であった武智麻呂に厚遇されたものと推測できます。なぜなら光仁天皇が田原陵に改装された時の右大臣が藤原是公ですが、是公は南家藤原武智麻呂を父にもつ乙麻呂の子

だからです。

太安万侶が序文をそえて元明天皇に『古事記』を撰上した和銅5年（712）は、天武と持統の子草壁皇子の正妃元明が即位して5年目の年にあたり、時の左大臣は石上麻呂（640-717、物部宇麻呂の子、壬申の乱では大友皇子の側につく）、右大臣は藤原不比等（藤原鎌足の子）です。この年（和銅5）の9月23日の太政官報告でエミシ征服の方針が出されます。

和銅5年（712）当時の太政官は左大臣石上麻呂、右大臣藤原不比等、大納言大伴安麻呂、中納言小野毛野・阿倍宿奈麻呂・中臣意美麻呂、左大弁巨勢麻呂、右大弁石川宮麻呂という構成でひとまず落ち着きます。しかし太政官は実質上、文武天皇と夫人藤原宮子（藤原不比等の娘）の間に生れた首皇子（後の聖武天皇）の外戚（天皇の母の一族）で右大臣の藤原不比に権力が集中します。

※夷をもって夷を征する政策

元正天皇霊亀2年（716）9月、藤原不比等を長とする初期律令国家は陸奥国の置賜・最上の2郡および信濃・上野・越前・越後の4国の民100戸を北の出羽国に移住させます。この公民身分の柵戸移住政策はさらに続き、出羽国への移住は総計で1300戸に達します。

元正天皇養老4年（720）、舎人親王（676-735、天武天皇の皇子、淳仁天皇の父）が『日本書紀』の編纂を完成させますが、右大臣藤原不比等が亡くなります。この年の9月28日東国にエミシの反乱が起き、按察使上毛野広人が殺害されます。政府は翌日の9月29日播磨の多治比県守を持節征夷将軍、下毛野石代を副将軍に任じ、阿倍駿河を持節鎮狄将軍とします。

『続紀』翌養老5年（721）6月10日条によれば太政官報告は「陸奥や筑紫の辺境の砦は兵役に病み疲れています。この年の調・庸を免除してほしい」とあり、同6年4月16日「陸奥の蝦夷・薩摩の隼人らを征討した将軍以下の官人たちと征討に功績のあった蝦夷および通訳の者に、地位・功績に応じて勲位を授けた」と書かれています。

この記事は夷をもって夷を征する政策が着実に進んだことを物語って

います。10日後の『続紀』同6年4月26日条の太政官報告は、庸・調（税）などエミシの支配・管理について具体的な方策を指示します。同年8月29日、律令政府は諸国の国司に命じて柵戸（開拓民）1000人を選ばせ、陸奥の鎮所（多賀柵のちの多賀城）に配置させます。

◈俘囚エミシを各地に移配

神亀元年（724）2月4日聖武天皇が即位し、同じ日長屋王（684?-729。高市皇子の長子、のち藤原四兄弟の陰謀により自殺）が左大臣に着任します。この月の14日天皇は正1位の藤原夫人（宮子）を大夫人とします。同月25日陸奥国鎮所（多賀柵）の兵卒たちが、自分たちの本籍をこの地に移して、父母妻子と一緒に生活したいと願ったのでこれを許します。

同年3月25日海道（太平洋沿の地域）でエミシの反乱が起こり、大掾従6位上の佐伯宿禰児屋麻呂が殺害されたという報告が入ります。対して政府は4月1日7道の諸国に軍器・幕・釜などを造らせ、4月7日藤原宇合を持節大将軍に任じ、高橋安麻呂を副将軍とし、海道のエミシ征討の準備をします。

翌聖武天皇神亀2年（725）正月陸奥国のエミシの捕虜144人が伊予国、578人は筑紫、15人が和泉監に配置されます。「和泉監」というのは、『続紀』霊亀2年（716）の記事に「河内国から和泉郡、日根郡を割き、さらに同年4月13日に河内国大鳥郡をあわせて和泉監が建てられた」とあるので、天皇の離宮（＝監）にエミシが移配されたこと意味しています。

同神亀2年の3月17日の「常陸国の百姓で、蝦夷の裏切りで家を焼かれ、財物の損失が9分以上の者には、3年間租税負担を免除し、4分以上の者には2年間、2分以上の者には1年間、それぞれ租税負担を免除した」という記事は、すでに常陸国に移配された陸奥国のエミシが反乱を起こしたことを物語っています。

5-2 雄勝柵に至る道

◈多賀城→雄勝村→秋田柵の道

　天平5年（733）12月26日出羽の柵（最上川左岸）を秋田村の高清水の岡に移します。また雄勝村に郡を建てて人々を居住させます。雄勝村は秋田県横手盆地の出羽丘陵沿いを流れる雄物川の支流西馬音内川沿いの現在の湯沢市雄勝町あたりです。この頃政府は秋田柵に至る従来の船による航路に加え、横手盆地を経由する陸路を開拓しようと試みます。

　雄勝村は最上川上流の新庄（山形県）に通じ、また出羽丘陵を挟んで日本海沿岸の本庄・秋田につながり、雄物川に合流する栗駒山麓を源流とする役内川・成瀬川・皆瀬川の上流から岩手県水沢・一関に通じる要所です。湯沢市雄勝町の近くには十文字という名の町が現在残っています。

　天平9年（737）正月23日、鎮守府将軍・従4位上の大野東人から「陸奥国より出羽柵に至る道路は、男勝を回り道して行程が迂遠であります。そこで男勝村を略（攻略）して直行路を貫通させたいと思います」という報告が入ります。しかしこの天平9年の報告は先の「雄勝村に郡を建てて人々を居住させた」という記事と矛盾しています。おそらく周辺のエミシに村を奪回されたのでしょう。

　大野東人の報告を受けた聖武天皇は、持節大使で兵部卿従3位の藤原朝臣麻呂（藤原不比等の4男）と、勅使で正5位上の佐伯宿禰豊人、常陸守で従5位上の坂本宇頭麻佐らを陸奥国に派遣します。

　大野東人のいう出羽柵は日本海沿岸の秋田市の出羽柵（秋田村高清水岡）です。大野東人は陸奥国鎮所（多賀柵）から秋田出羽柵までの直結する要害の地を横手盆地南端の雄物川上流の雄勝村に造り、内陸地の雄勝村から出羽丘陵保呂羽山沿いに日本海沿岸の本庄・秋田に至る道を道を考えたのでしょう。

第5章 律令国家日本と八幡神

※エミシ攻略の最大拠点、秋田柵と多賀柵

秋田柵と宮城県多賀柵は東北地方（出羽・陸奥国）のエミシ攻略の最大拠点です。それまでの秋田柵への交通は日本海沿岸の越後国方面からの船舶のみに頼っていました。しかし陸奥国側のエミシの反乱によって従6位上の陸奥大掾佐伯宿祢児屋麻呂が殺害されます。律令政府は内陸部の横手盆地を新たな食料・武器の兵站基地とし、北の秋田柵と南の雄勝城から陸奥国のエミシ征討を画策したと考えられます。

秋田柵が大化改新（645年）後にエミシ攻略の拠点になっていたことは『日本書紀』斉明天皇5年（659）3月の記事からも明らかです。国守阿倍比羅夫が船師180艘を率いて飽田・淳代・津軽のエミシを饗応しています。

阿倍比羅夫の船による秋田沖遠征は斉明天皇4年（658）から始まり、その時は飽田浦に船を停泊させ飽田のエミシ恩荷らを従わせます。そしてこの年、第4次遣唐使は男女2人のエミシを献じています。

しかしこの時の阿倍比羅夫の飽田沖の遠征は日本海の警戒と防備と、エミシの兵力を確保するためのものであり、エミシ地の征討攻略するための遠征ではなかったでしょう。というのは斉明天皇6年（660）、阿倍比羅夫は船200艘で粛慎（満州に住んでいたとされるツングース系狩猟民族）を攻撃していますが、この年、百済は唐・新羅連合によって滅亡しました。翌年、阿倍比羅夫は中大兄皇子のもとで百済救援の将軍として派遣されているからです。

大野東人の多賀城から秋田柵までの直行道路案を受けた聖武天皇は、その月のうちに持節大使で兵部卿の藤原麻呂と副使佐伯宿禰豊人らを陸奥国に向かわせます。当時、議政官は藤原武智麻呂（不比等の長男、仲麻呂の父）を右大臣とする8人でした。8人の議政官の4人が藤原不比等の子です。仮に4対4で意見がわかれても、議長である右大臣の決済で多数決を制することができます。聖武天皇自身が藤原氏丸抱えの存在です。藤原氏の主導でエミシ征討が本格的に開始されます。

5−3　藤原4兄弟の死と天然痘

※将軍大野東人と按察使藤原麻呂

　天平9年（737）4月14日の多賀城にいる按察使の藤原麻呂から「将軍東人が多賀の柵を出発しました。3月1日、東人は騎兵196人、鎮守府の兵499人、陸奥国の兵5000人、帰順した夷狄249人を率いて、色麻の柵（宮城県加美郡中新田町城生あたり）を発し、その日のうちに出羽国大室駅（山形県尾花沢あたり）に到着しました」という報告が入ります。

　不比等の4男麻呂から報告を受けた3日後の天平9年（737）4月17日麻呂の兄で参議の藤原房前が天然痘で亡くなります。当時、民部省の長官で参議の房前は戸籍・租税・賦役など全国の民政・財政を担当していました。そしてこの報告をした当の麻呂自身は3ヵ月後の7月13日兄房前と同じ天然痘で亡くなります。

　当時、律令国家は陸奥側におけるエミシ攻略がいまの宮城県と岩手県の県境でエミシの抵抗により行詰ったので出羽国の内陸部（横手盆地）からの挟撃を考えていました。なぜなら麻呂は報告のなかで、「大野東人の本来の計画は、早く賊地に入って耕作し、穀物を蓄え、兵糧運搬の費用を省こうとした」と報告しているからです。つまり大野東人は秋田柵と陸奥国への物資や武器を運ぶ兵站基地としての横手盆地を想定していたのです。

※藤原4兄弟と天然痘

　藤原4兄弟の藤原麻呂が持節大使として多賀柵に派遣される2年前の天平3年（731）8月11日3男藤原宇合と4男の麻呂が参議に推薦されます。このときは一度に6人の参議が補充され、藤原氏からは武智麻呂・房前に加えて新たに宇合と麻呂が参入します。

　当時、長男の武智麻呂は大納言として最高位にあり、最古参の議政官であった次男房前は中務卿と中衛大将を兼ね、宇合と麻呂は式部卿および兵部卿として文官と武官の人事権を掌握しています。天然痘に最初に感染し

たのは、職務上から次男房前と考えられます。

　宇合と麻呂が参議になってから1ヵ月後の9月27日、大納言で正3位の長男武智麻呂（豊成・仲麻呂の父）が大宰府の最高責任者である大宰帥（だざいそち）を兼任します。大宰府は外交と防衛を主任務とするとともに、西海道9ヵ国（筑前から大隅まで九州全域と大隅諸島）を所管とします。帥の下に大弐（だいに）・少弐（しょうに）が位します。

　当時、聖武天皇の母（藤原宮子）の立后をめぐって起きた長屋王自殺事件が藤原4兄弟の策謀によることが広く知られ、また口分田配分の強行などとあいまって藤原氏へ不満が諸国に広がっていました。聖武天皇の外戚藤原4兄弟（武智麻呂・房前・宇合・麻呂）が天平元年（729）天武天皇を父にもつ高市皇子の子左大臣長屋王を策謀によって自殺に追い込んだのです。

　ところが天平9年（737）8月5日の天然痘による宇合の死を最後に、時の廟堂は藤原4兄弟と中納言丹治比県守を天然痘で失い、参議は鈴鹿王と橘　諸兄（たちばなのもろえ）（684-757、敏達天皇5世孫、父は美努王、母は県犬養橘美千代）と大伴充足の3人のみとなります。武智麻呂を筆頭に参議5人の死は藤原氏を中心としてきた政府中枢に大きな打撃を与えます。

❊天種子命は中臣氏の遠祖

　藤原4兄弟の死は最初に天然痘が発生した大宰府と深い関係があります。八幡神および八幡宮の研究で多大な業績をあげた宮地直一は、天平3年（731）9月の藤原武智麻呂の太宰帥の兼務は藤原一門と大宰府と宇佐八幡宮が結びつく転機であったと指摘しています。

　何故なら宇佐八幡宮が初めて官幣（朝廷、国から幣帛ないし幣帛料を支弁されること）預かったのは天平3年（731）です（『東大寺要録』）。この記事は『続紀』には載っていません。武智麻呂は天平6年まで大宰帥を兼務し、この間、西海道節度使の弟宇合は兄についで帥となり、天平9年天然痘で亡くなっています。

　八幡宮の勃興は武智麻呂・宇合兄弟が太宰帥の時に基礎づけられたと宮

95

地直一は指摘しています。宮地直一は、神武東征にあたって神武天皇を迎えた宇佐津彦と宇佐津姫のうち、神武が従臣天種子命と宇佐津姫と結婚させたという『日本書紀』の記事から、当時朝廷における大立者であった藤原氏に伝わっていた伝説が『日本書紀』編纂中に挿入されたものでないかと推測しています。

　宮地直一が指摘する八幡神と藤原氏の関係は根拠のないものではありません。事実、大宝2年（702）の戸籍に豊前国仲津郡に中臣部の分布が見られるからです。藤原氏と八幡神は初期律令国家以前の加羅系渡来集団の祭祀氏族、すなわち卜占を職とする中臣氏と深いつながりがあったことをうかがわせます。

5-4　金光明最勝王経と八幡神

※聖武天皇の彷徨

　天平12年（740）8月末、大宰少弐（次官）に任命された藤原広嗣（宇合の長子）が聖武天皇に上表文を送り、吉備真備（695-775、学者。元正から光仁まで6人の天皇に仕える）と玄昉の処分を要求します。天然痘で亡くなった右大臣武智麻呂の後任の橘諸兄が吉備真備と僧玄昉を重用したからです。

　藤原広嗣の乱は天然痘で父宇合と叔父3人を一度に失った広嗣のあせりから生れたものですが、橘諸兄は広嗣の要求を反乱とみて強硬策に出ます。反乱鎮圧（740年）のため陸奥按察使の大野東人を将軍とする約1万7000人の兵が派遣され、広嗣と弟の綱手はその年の12月に斬刑されます。

　藤原広嗣の乱が落着した10月23日の6日後の29日、こんどは聖武天皇の彷徨が始まります。聖武天皇の約5年間の彷徨についてはさまざまな説がありますが、その最大の理由は天然痘という疫病によって平城京が汚されたことに対する聖武天皇の畏怖と懺悔の心境に起因するものと考えられます。なぜなら聖武天皇が信仰する四天王に護持される金光明最勝王経

は「慈悲と懺悔」の法を説いているからです。

「慈悲と懺悔」の法を説く金光明最勝王経は国王が金光明経を唱えれば一切の災害、疫病を逃れることができるとされます。しかしその恐るべき疫病によって天皇の外戚でありかつ従兄弟（いとこ）の藤原4兄弟が一度に亡くなったばかりか、その4兄弟の子の一人から反乱者が出たのです。

宇佐八幡宮が九州の大社として朝廷より官幣社の取扱いをうけたのは、宇合が亡くなる2ヵ月前の天平9年4月1日です。『続紀』に「伊勢神宮・大神神社（おおみわ）・筑紫の住吉・八幡の2社および香椎宮（かしい）に幣帛（みてぐら）を奉った」と書かれているからです。官幣社（かんぺいしゃ）とは官（朝廷、国）から幣帛および幣帛料を支給される神社のことです。

※国家鎮護と戦争の神八幡

『三国史記』新羅本紀第33代聖徳王（在位702-737）30年（731）条に「日本国の兵船300艘が新羅東部を襲ったが、新羅がこれを撃破した」と書かれていますが、八幡神は守護神として宇佐八幡宮に祀られていたのでしょう。また天平13年（741）には「宇佐の八幡宮に秘錦冠（ひこんのかんむり）1つ、金泥で書いた最勝王経と法華経を各1揃、得度者10人、封戸から出せる馬5匹を献上、また3重塔1基を造営させる。これまでの祈祷に対するお礼である」と書かれています。

ちなみに国分寺は、天平13年（741）聖武天皇が仏教による国家鎮護のため各国に建立を命じた寺院です。国分僧寺（こくぶんそうじ）と国分尼寺（こくぶんにじ）に分かれ、正式名称は国分僧寺が「金光明四天王寺護国之寺」、国分尼寺が「法華滅罪之寺」と呼ばれます。壱岐や対馬には「島分寺」が建てられます。

八幡神の初出は『続紀』では天平9年（737）ですが、『八幡宇佐宮御託宣集』には大隅の国守陽候麻呂が殺害された養老4年（720）に豊前国司の宇奴首男人（うぬのおびと）が宇佐八幡神の託宣を受けたと書かれています。八幡神の託宣を受けた男人はさらに宇佐巫（ふげき）集団の総帥法連の助力を得て古表（こひょう）・古要社の傀儡衆（くぐつ）を引き連れて隼人を皆殺しにします。この隼人反乱の鎮圧に大伴家持の父大伴旅人（665-731）が征隼人持節大将軍として中央から派遣さ

れています。

　◈昆支系蘇我王朝の神八幡

　実は『日本書紀』には八幡神の名はいっさい登場していません。斉明天皇（皇極重祚。在位655-661）が中大兄と大海人皇子を連れて九州に征西しますが八幡神に戦勝祈願をした気配はありません。

　万世一系を標榜する『日本書紀』のなかでも神功の子応神は「天皇は神功皇后が新羅を征討された年、干支は庚辰（240年）の冬12月筑紫の蚊田で生まれた」「皇太后の胎内にあるとき、天神地祇により3韓を授けられた」と書かれています。

　応神は古代歴代天皇のなかでも特別な存在です。応神が生れた地、その筑紫の然るべき地に斉明が参詣していないのは不思議です。次のような気になる記事が『日本書紀』に載っています。斉明天皇が磐瀬行宮（かりみや）（福岡県中間市）から朝倉橘広庭宮に移った時、朝倉社の木を切って宮を建てたので神が怒って宮殿を壊したばかりか病気になって死ぬ者が多く出るというエピソードです。

　『日本書紀』斉明天皇7年（661）5月9日条の訳者頭注によると「朝倉橘広庭宮」は朝倉宮の正式名称で「橘」は用明天皇の和風諡号の一部であろう」としています。そして「朝倉社」については「福岡県朝倉郡朝倉町山田『延喜式』神名の麻氐良布神社。そこの山の木を伐って宮殿を造ったとなると神の祟りが起こって当然だろう」としています。

　八幡神の出現についてのおおよその史料は欽明天皇32年（572）に共通しています。しかし宮地直一博士は欽明朝とすると天平年間（729-766）までの約150年の間、八幡神が国史に表れないのはおかしいと疑問を投げかけています。

　◈藤原不比等に重用された道慈

　『続紀』天平9年（737）2月22日条によると聖武天皇が「国ごとに釈迦仏の像一体と脇侍菩薩2体を造り、あわせて大般若経1部（600巻）を書

写させよ」と詔し、5月1日僧侶600人を招き大般若経を読ませます。

この年の8月26日玄昉法師が僧正に任じられ、10月26日に金光明最勝王経を大極殿で講義させ、律師の道慈（?-744、702年唐に渡り718年に帰国）が講師となっています。同年12月27日条は「皇太夫人の藤原宮子が皇后宮に赴き、僧正玄昉法師を引見します。天皇もまた皇后宮に訪れます。皇太夫人が憂鬱な気分に陥り、永らく常人らしい行動をとっていなかった」と皇后が今の鬱病であることを明らかにしています。玄昉も道慈も『日本書紀』完成（720年）前の同じ遣唐使の仲間です。

『続紀』の一連の記事から金光明最勝王経の布教が道慈によって行われ、また法相宗（興福寺が本山）の玄昉によって聖武天皇の母藤原宮子の病気祈祷を経て宮廷内に広められたことがわかります。玄昉と光明皇后の関係は後述の孝謙天皇と道鏡の関係に似ています。

ちなみに道慈は文武天皇の大宝2年（702）の遣唐使粟田真人に同行して長安の西明寺で義浄三蔵から金光明最勝王経を学び、718年帰国して大安寺（元飛鳥寺）の住職となり金光明最勝王経を倭国日本の護国経典として広めた僧として知られています。

金光明最勝王経を唐から持ち帰った道慈は最終段階の『日本書紀』編纂事業に参加して欽明天皇13年10月の仏教伝来の記事を筆録したと言われています。その際、道慈は金光明最勝王経の文章を引用改変して『日本書紀』に記載したことは研究者間で明らかにされています。『日本書紀』の編纂が完成する2年前に急遽参加しているくらいですから、道慈は最晩年の藤原不比等にいかに重用されたかがわかります。

5-5　聖武天皇と光明皇后

◈ ‟女人変じて男になる”

光明皇后の「光明」という名が金光明最勝王経第5滅業障品の第3会の説法に登場する福宝光明女から採られていることはあまり知られていませ

ん。「世尊（仏）から福宝光明子女は未来において仏になり、世に尊敬される者という名の世尊にいたる10の呼び名を受けるだろうと予言された」と金光明最勝王経に書かれています。

金光明最勝王経の「悔過の修法」は懺悔の思想から生まれます。悔過とは仏前で犯した罪を告白し懺悔することであり、個人や国家の災いを除去するために本尊に願うことです。類似するものに薬師悔過、吉祥悔過、阿弥陀悔過などがあります。東大寺のお水取りで知られる修二会は十一面観音悔過と呼ばれ、薬師寺の薬師悔過、法隆寺の吉祥悔過など同じ国家鎮護の法会です。

聖武天皇が金光明最勝王経を国家鎮護の宗教として受け入れる決意を発表したのは「宇佐の八幡宮に3重塔1基を造営させた」という天平13年（740）3月24日です。その日聖武天皇は金光明最勝王経の「滅業障品」を引用し、「この経を流布させる王があれば、我ら四天王は常にやってきて擁護し、一切の災いや障害はみな消滅させるし、憂愁や疾病もまた除去し癒すだろう」と詔しているからです。

聖武天皇は全国に7重塔1基と『金光明最勝王経』と『妙法蓮華経』をそれぞれ一揃い書経させることを命じ、国ごとに国分尼寺と僧寺を立て、僧寺を金光明四天王護国之寺、尼寺を法華滅罪寺と呼ぶことにしました。

ちなみに『日本書紀』欽明天皇13年（552）条に百済聖明王の献じた釈迦像を大臣蘇我稲目が小墾田の向原の寺（桜井寺）に安置したとあり、崇峻天皇元年（588）飛鳥寺（法興寺）が創建され、その3年後に善信尼ら3人の尼を桜井寺に住まわせたとあります。おそらく仏教王馬子は飛鳥寺を僧寺とし、飛鳥寺に近い桜井寺（豊浦寺）を尼寺と構想したのでしょう。

ところで金光明最勝王経の「滅業障品」で「女人変じて男となり勇健聡明にして知恵多く常に菩薩の道を行じ六道を勤修して彼岸に至る」と説かれています。女人の形では成仏できないから1度、男子に生れ変わり、その後にはじめて成仏できることを解いているからです。この教説を「変成男子」と言います。

「変成男子」の教説は法華経第12章堤婆達多品の悪人成仏と女人成仏の

話の中にも出てきます。「サーガラ竜王の娘竜女は、私は望みのまま悟りを開いた。如来は私の証人ですと言った。その時長老の舎利仏が次のように言った。あなたが仏の知恵を得たとしても、私は信じることができない。何故なら、女身は垢穢にして法器にあらず」

「法器」とは仏の教えを受けるにたる器量をもつ人をさして言います。舎利仏は「女人がどうして無上の菩提を得ることなどできようか。限りない時を費やして修行努力しても、この上ない善行を積んでも仏の境界に達することなどできない」と答えます。舎利仏の説明によると、その理由は女人の身には５つの障りがある。第１に梵天になることができない。第２に帝釈天になることはできない。第３に魔王になることができない。第４に転輪聖王の地位につくことはできない。そして第５には仏身になることは到底できないからです。

◈法華滅罪之寺

国分寺が金光明四天王護国之寺と法華滅罪之寺のセットで全国に造られようとしたのは、聖武天皇と光明皇后の強烈な宗教的願望によるものです。『日本書紀』によると光明皇后が亡くなった時、全国の国分尼寺に阿弥陀丈六像１躯と脇侍２躯を造らせると同時に法華寺に阿弥陀浄土院を新築しています。

哲学者で知られる和辻哲郎（1889-1960）は、法華寺を建てる際に光明皇后の面影を伝える観音が必要であり、現在の法華寺の十一面観音は其の時皇后をモデルに造られた原像があり、その原像をもとに造られたものではないかと推測しています。

法華寺（奈良県奈良市法華寺町）の十一面観音像は肉感的なエロティズム漂う男でもない女でもない曖昧性を残しています。５障の故に悟りを開くことができない女性が、法華経を会得することによって成仏できるのであれば、当時男子の後継者を産むことができず苦しむ光明皇后が国家鎮護のために変成男子を願わないわけがありません。しかも『金光明最勝王経』はそれを受持し拝めば、国王が胎内にいる時からその未来を守るとい

う国王の宗教です。

　皇位継承がすこぶる不安定な時期、東アジアの五胡十六国時代に生まれた王権神授説はまさに最強の仏教であったのです。光明皇后の病の根源には男子でなければ皇位継承ができない金光明最勝王経の法華滅罪説に大きく起因していることはいうまでもありません。

　法華寺は大和国分寺の法華滅罪の役割も果たしましたが、光明子（光明皇后）の娘阿倍内親王（孝謙天皇、重祚して称徳天皇）の即位にも大きな影響を与えることになります。すなわち光明皇后のトラウマは1人娘の孝謙天皇（在位749-758）に引き継がれ道鏡の八幡神託事件に発展することになります。

5-6　廬舎那仏と東大寺建立

◈孝謙天皇の即位

　聖武天皇の一世一代の念願は毘廬舎那仏（大仏）を造立して国家鎮護と天皇家の安泰を祈願することです。当初、近江国甲賀郡信紫香楽宮（滋賀県甲賀市信楽町）近くに造立工事を始めましたが、あいつぐ地震と放火に怯えた天皇は僧良弁（689-774）のすすめで若草山の麓にある良弁の金鐘寺の寺地に大仏と東大寺建立を決意します。天平17年（745）のことです。この年の1月行基を大僧正に任じ、聖武天皇は紫香楽宮から平城京にもどります。

　同年9月20日播磨守の阿倍臣虫麻呂が奉幣を八幡神社に奉じるために派遣され、11月17日僧玄昉は台頭する藤原仲麻呂によって筑紫観世音寺別当に左遷され任地で亡くなります。また常陸国鹿島郡の中臣部20戸と卜部の者たちに中臣鹿島連に氏姓が与えられ（天平18年3月24日）、百済王敬福（697-766）が上総守、石上乙麻呂は常陸守、石川年足が陸奥守に任じられます。

　天平勝宝元年（749）4月14日天平21年（749）を改めて「天平感宝元

年」とし、阿倍内親王の即位前の4月22日陸奥守百済王敬福は黄金900両（約12kg）を献上します。そして7月2日阿倍内親王の即位に合わせて天平勝宝元年とし、聖武天皇は「不改常典」（改まることがあってはならない皇位継承の掟）に基づき、自らの辞意と孝謙天皇の即位を宣します。

◈八幡大神の入京

天平勝宝元年（749）11月1日八幡大神（宇佐八幡）の禰宜の大神杜女、主神司の大神田麻呂の2人が氏姓を賜ります。同19日八幡大神は託宣して京に向かいます。参議の石川朝臣年足（壬申の乱における天武天皇の恩人蘇我安麻呂の子）と藤原朝臣魚名（藤原不比等の孫、房前の子）を迎神使とし、八幡大神が通過する国での殺生を禁じます。

12月18日官人10人と散位20人、6衛府の舎人それぞれ20人を派遣して八幡神を平群郡（奈良県生駒市）に迎えます。この日八幡神は京に入ると、天皇（孝謙）・太上天皇（聖武）・皇太后（光明子）も行幸します。

12月27日八幡大神の禰宜大神杜女は天皇と同じ紫色の輿に乗って東大寺に参拝します。この日孝謙天皇・太上（聖武）・皇太后（光明子）に続き、百官およびすべてが東大寺に集まります。僧5000人を講じ、大唐楽・渤海楽・呉舞と五節の田舞・久米舞を上演させ大神に1品、比咩神に2品を賜ります。

第6章　皇位継承の危機

6-1　恵美押勝こと藤原仲麻呂

◈雄勝城と保呂羽山

　天平勝宝元年（749）7月2日即位した孝謙天皇ですが、翌月の10日大納言正3位の藤原仲麻呂を紫微中台の長官に任じます。紫微中台とはもともと皇后宮職・皇太后宮職と呼ばれる家政機関にすぎない組織ですが、光明皇太后の命令（令旨）を施行・兵権を発動する機能をもつようになり、仲麻呂の権力拡大とともに国家の実質的な最高権力機関・軍事機関へと変貌します。

　孝謙天皇即位9年目の天平宝字2年（758）、天皇は譲位して藤原仲麻呂の養子大炊（淳仁天皇。天武天皇の孫、舎人親王の子）が即位します。右大臣の兄豊成にかわった仲麻呂は右大臣を唐風の「大保」に変え、自らの名を「恵美押勝」とします。

　この年の前年から開始された対エミシ積極策の一環として父仲麻呂の意向を受けた3男朝獦は陸奥の桃生城（宮城県桃郡生河北町）と出羽の小勝（雄勝）城（秋田県雄勝町足田）の造営にとりかかります。両城は2年後の760年に完成しますが、朝獦は762年に多賀城と秋田城の修理補強も行っています。

　この朝獦が修理した多賀城の多賀城碑こと壺碑に「参議東海東山節度使従四位上仁部省卿兼按察使鎮守将軍藤原恵美朝獦朝修造也　天平宝字六年十二月一日」と刻まれています（『古代七つの金石文』参照）。

　保呂羽山波宇志別神社（横手市大森町八沢木）の創建は社伝によると759年（天平宝字3）です。保呂羽山が日本海側の由利本庄と横手盆地の仙北・

105

平鹿の接点となっていることからも波宇志別神社は多賀城→雄勝城→秋田城を結ぶ要衝の地として祭られた神社として造られた可能性が大です。

◈雄勝城と桃生城の造成

　藤原仲麻呂は先人たちが果たせなかった雄勝と桃生城の造築とエミシ討伐と支配に大きな力を注ぎます。以来、雄勝・平鹿・仙（山）北郡の俘囚は元慶の乱（877年の雄物川以北のエミシの反乱）まで約100年間鎮静を保ち、かつ元慶の乱では雄勝・平鹿・仙北郡の俘囚は朝廷側（官軍）について戦っています（『エミシはなぜ天皇に差別されたか』参照）。

　こうしてみると藤原仲麻呂の出羽国のエミシ植民政策は大きな成果を上げたもの考えられます。おそらく保呂羽山波宇別神社はその成果の名残と言えるでしょう。しかしエミシ植民政策も中央における反仲麻呂のグループに対する過酷な弾圧と同時に行われたことを検証してみなければなりません。

　藤原仲麻呂の別称、「恵美押勝」はまさに"エミシに押し勝つ"から付けた名と勘繰られてもおかしくはありません。このころの『続紀』は「雄勝城」を「小勝城」（差別語）と書いたり、「男勝城」（好字）と書いたりしています。いわゆる"天平宝字"に因んだのでしょう。また第29代天皇欽明の和風諡号は「天国排開広庭」ですが、藤原仲麻呂は日本古代史上最強の大王ワカタケル（稲荷山鉄剣銘文）＝欽明天皇にあやかったのかもしれません。

◈道祖王・黄文王・大伴古麻呂・橘奈良麻呂らの処刑

　天平勝宝8（756）5月19日太上天皇（聖武）が死去しますが、聖武の遺言により道祖王（天武天皇の孫。新田部親王の子）が皇太子になります。その3ヵ月前の2月橘諸兄は左大臣を辞職し、翌年1月6日に死去しますが2ヵ月後には皇太子道祖王が廃太子とされます。続いて道祖王の兄塩焼王、池田王（舎人親王の子）が皇太子候補にされますが、4月4日孝謙天皇の意向を受けて藤原仲麻呂の養子大炊王（舎人親王の7男）が太子に決まり

ます。

　藤原仲麻呂の3男藤原朝獦が桃生城と雄勝城の造営にとりかかったのは、橘諸兄が亡くなった年の4月です。そして仲麻呂が紫微内相に任命されたのは5月です。翌月、仲麻呂は「集会や集団行動の禁止、武器の携帯の制限」など5ヵ条の戒厳令を発します。橘奈良麻呂（橘諸兄の子）は兵部卿から右大弁に格下げされ、大伴古麻呂は陸奥按察使兼陸奥鎮守将軍として陸奥国に左遷されます。

　同年6月28日長屋王の子山背王が「橘奈良麻呂が武器を集めて田村宮（仲麻呂邸に大炊王が同居）を包囲しようとしている」と密告します。この密告に端を発した相次ぐ密告によって道祖王・黄文王・大伴古麻呂はきびしい拷問を受けます。仲麻呂の兄で右大臣豊成は大宰帥として左遷されます。

　ただ首謀者の橘奈良麻呂については『続紀』に記録されていません。獄死したと思われますが、後に奈良麻呂の孫にあたる橘嘉知子が嵯峨天皇の皇后（檀林皇后）となったために記録が抹消されのではないかと言われています。

　この事件で長屋王の子で安宿王の弟黄文王は久奈多夫礼と呼ばれ、道祖王は麻度比王と呼ばれます。「多夫礼」とは誑かす者で、「麻度比」は惑うという意味です。

　淳仁天皇は「久奈多夫礼に欺かれて陰謀の加わった者は、都の土を踏むことは汚らわしいので出羽国小勝村の柵戸の移住させる」と発表します。ちなみに黄文王は母藤原長娥子が藤原不比等の次女であったことから死罪はまぬがれます。

　いわゆる凶悪な反逆の徒やクーデターに関係した者は辺境の城（柵）に流されます。しかし天皇の発表だけでは「辺地」がどの地をさしているのか、また具体的な人数、どの位の人間が流されたかははっきりしません。いずれにしても兵が駐屯した辺鄙なところですから、仲麻呂の4男藤原朝狩が築城した陸奥の桃生柵か出羽国の雄勝柵でしょう。

6-2　高野天皇の詔

※ "道鏡禅師を大臣禅師にせよ"

　光明皇后が亡くなってから4年目の天平宝字8年（764）9月11日藤原恵美押勝の謀反が明らかにされ、高野（孝謙天皇）は淳仁天皇の駅令と内印（天皇の御璽）を回収します。対して押勝は息子の訓儒麻呂にこれらを奪取させます。高野天皇は授刀少尉の坂上苅田麻呂（727-786、坂上田村麻呂の父）と授刀将曹の牡鹿嶋足の2人に訓儒麻呂を射殺させます。そして『続紀』廃帝淳仁天皇天平宝字8年（764）9月18日条は藤原仲麻呂こと恵美押勝について次のように伝えています。

　　9月18日軍士は岩村村主石楯が恵美押勝を斬殺し、その首を京師に伝達された。押勝は近江朝（天智朝）の内大臣藤原朝臣鎌足の曾孫で、平城朝（聖武朝）の贈太政大臣・藤原武智麻呂の第2子である。彼の性格はさとく、理解が早く大抵の書物は読んでいた。大納言の阿倍少麻呂について算術を学び、その術にとりわけ精通していた。

　　内舎人から大学少允に転じて天平6年に従5位を授けられた。顕職（地位の高い官職）を歴任した。天平勝宝元年、正3位・大納言で、紫微令と中衛大将を兼任し、重要な政治はすべて彼一人の判断で行われた。このため他の豪族や、名門の出の者はみな彼の勢力を妬んだ。天平宝字元年には橘奈良麻呂らが謀議して彼を排除しようとした。しかしそのねらいが天皇の廃位まで及ぶことはなかったために、逆に滅ぼされた。

　　その年彼（仲麻呂）は紫微内相に任じられ、同2年、大保（右大臣）を拝命した。天皇（孝謙天皇）の手厚い勅があり、姓のなかに恵美の2字を加え、名を押勝と呼び、功封3000戸と田100町を賜った。また銭貨の私的な鋳造や、私出挙（個人所有の稲・酒・金銭などを貸し付けて利息をとること）すること、および恵美という家印を用いること

第6章　皇位継承の危機

が許された。

　同4年、大師（左大臣）に転任し、その息子の正4位上真先と従四位の訓儒麻呂・朝雁はそれぞれ参議となり、従5位下の小湯麻呂・従五位下の薩雄・辛加知・執棹は、みな衛府や関のある国の国司に任命された。その他の顕官・要職も、押勝の姻戚でないものはなかった。ひとり権勢をほしいままにして、人を疑ってこれに備えることが日毎に甚だしくなった。

　その頃、道鏡が宮中にはべって天皇に寵愛されるようになった。押勝はこれ妬んで心がおのずから安らかでなかった。そこで高野天皇はそれとなく知らせ、「私は都督使となり、兵士を掌握して自衛し、諸国の兵を試練する法に則って、管内の兵士を国毎に20人宛て、5日間交替で都督府に集め、武芸を検問することにします」と決めた。

※ "道鏡禅師を大臣禅師にせよ"
高野天皇は乱鎮圧2日後の同年9月20日次のように詔をします。

　さて、あれ（仲麻呂）が奏上したことは「この禅師（道鏡）が昼夜朝廷を守り仕え申し上げる様子を見ていると、道鏡の先祖が大臣としてお仕え申し上げた地位と名を受け継ごうと思っている野心のある人物である。退けられますように」と申したけれど、この禅師の行いを見るに、いたって浄らかで仏法を受け継ぎ広めようと思われ、朕をも導き譲って下さるわが師をどうして簡単に退け申せようかと思ってきた。

　ところで朕は髪を剃って仏の御袈裟を着ているけれども、国家の政治を行わないでいることができない。仏も経典で仰せられていることは、「国王は王位についておられる時は、菩薩を守るべき浄らかな戒をうけなさい」と仰せられている。

　これによって思うと、出家しても政治を行うことに、何ら障害なるものはない。そこでこのようなわけで、天皇が出家しておいでになる

109

世には、出家をしている大臣もあってはよかろうと思って、自分から願っておられる位ではないけれども、この道鏡禅師を大臣禅師に任ずる。職分の封戸は大臣に準じて2000戸を施行せよ。

6-3　孝謙天皇と道教

◈天武系王統の最期の女帝

　道鏡の出現は万世一系天皇制すなわち「不改常典」が危機を迎えたことを物語っています。不改常典とは天智天皇が定めた法とされていますが、元明天皇の即位の詔に初めて登場した言葉でいわゆる直系皇位継承の法のことをさしています。天武天皇が定めたという有力な説もあります。

　金光明最勝王経と皇位継承の関係は諸刃の刃です。男子を生むことができなかった光明皇后にとって独身の娘阿倍皇女（孝謙）は天武系王統の最後の天皇を意味します。壬申の乱（672年）以後、天武系王統（673-770）の約100年間は天武→持統→文武→元明→元正→聖武→孝謙→淳仁→称徳（孝謙重祚）と続きます。この王統は天皇制の歴史のなかでも10人の天皇のうち5代（4人）が女性天皇という異例なケースです。

　光明皇后の「変性男子」の苦しみは、長屋王を自殺に追い込んだ従兄弟の藤原武智麻呂ら藤原4兄弟の策謀、光明皇后への玄昉の接近、藤原広嗣の反乱、聖武天皇の謎の彷徨と関係があり、天武系王統の皇位継承が断絶の危機を迎えることの前兆だったのです。

　孝謙天皇と道鏡の関係はちょうど孝謙の母光明皇后と玄昉のそれに極めて類似しながら、もっと激しく、はるかに複雑に再現されます。王位継承に宇佐八幡の神託（宗教）と藤原氏の政治的圧力が加わったからです。ここでは僧侶にして政治の最高枢機を掌握した道鏡を中心に孝謙天皇と託宣の神八幡の関係を明らかにすることにします。

◈道鏡の素性

『続紀』光仁天皇宝３年（773）４月７日条に「俗弓削連、河内人也云々」と記されているように、道鏡は河内国若江郡弓削郷に生まれます。弓削郷はのちの中河内郡曙川村大字弓削ですが、曙川村は現在の大阪府八尾市一帯です。道鏡が出自とする弓削氏はもともと弓を製作する部の伴造（大王に奉仕する集団）と言われています。

藤原仲麻呂が孝謙天皇に「道鏡の先祖にはよからぬ大臣がいて、道鏡はその大臣にならって、天皇を継ごうとしている」と言ったという、その大臣は物部弓削守屋だという説はまことしやかに伝わっています。

『日本書紀』では物部守屋大連は大臣蘇我馬子との仏教戦争で殺害されます。その時の守屋の本拠地が弓削郷（八尾市）であることは確かです。もっと興味津々な伝承記録があります。これは『道鏡』（吉川弘文館）の著者横田健一が指摘していることです。

横田健一は『先代旧事本紀』（旧事本紀）に記載されている「物部尾輿連、敷島金刺宮御宇天皇（欽明）御世、大連として神宮（石上）を奉斎し、弓削連倭古連女子阿佐姫、つぎの加波流姫のおのおのを妻となし、兄（あね）は４児、弟（いもうと）は３児うむ」という記事から、守屋が母方の里弓削で育ったので「弓削の守屋」と呼ばれたのは不自然ではないとしています。

ちなみに『旧事本記』は神代から推古天皇までの歴史書ですが、大半は『古事記』『日本書紀』から拾い集めて編纂されたのであり、成立は平安初期とされています。道鏡の先祖は物部守屋であったという説のもとは本居宣長ですが、多くの学者も認めていることです。

確かに『日本書紀』崇峻即位前紀には「蘇我馬子の妻は物部守屋の妹である」と書かれています。また同皇極２年（643）10月条には、「蘇我大臣蝦夷が病気で朝廷に出なかったとき、紫冠を子の入鹿にさずけ、大臣の位になぞらえた。またその弟を呼びて物部大臣という。大臣の祖母は物部弓削大連の妹なり。ゆえに母の財によって威を世にとる」と記されています。ということは蝦夷の母、すなわち馬子の妻は物部弓削守屋の妹ということ

になります。

　ただし「弟を呼びて物部大臣」では意味が通じないので「弟は第＝邸の間違い」という武田武尊の指摘が研究者の間では通説になっています。すると物部大臣は入鹿の弟ではなく、母（馬子夫人＝守屋の妹）の財をえて世に威を振るったのは入鹿です。入鹿は祖母守屋の妹が蘇我氏に嫁いだときに持参した財（土地・邸）で権威を振るったことがわかります。

◈道鏡＝志基皇子王子説

　横田健一の『道鏡』によると、『四天王寺御手印縁起』（天元2年＝979年頃成立）というものがあり、それには守屋が河内国渋川阿都（あと）の家で殺されたときに没収された土地と奴婢の目録が記されています。その目録によると物部守屋の子孫従類273人が寺の奴婢、没官所領18万6890代（373町7反240歩）が寺の財産とされています。

　馬子によって没収された領地は河内国弓削（ゆげ）・鞍作・祖父間（おじま）・衣擦（きぬすり）・蛇草・足立・御立・葦原・摂津国於勢・漠江・トビ田・熊凝（くまごり）など広範な地域です。守屋の子孫類従は273人が弓削5村に家をおいたと記されています。とういうことは守屋の一族が奴婢として弓削一帯に住み天皇の寺に仕えていたということになります。

　であれば蘇我入鹿が「鞍作」（くらつくり）と呼ばれたのはここから出たのでしょうか。『日本書紀』皇極天皇4年（645年のクーデター、干支は乙巳）6月12日条に次のように書かれています。

　　中大兄は地に伏して「鞍作は天皇家をことごとく滅ぼして皇位を傾けようとしました。どうして天孫を鞍作に代えられるでしょうか」と申しあげた〔蘇我入鹿はまたの名は鞍作〕。天皇（皇極）は立って殿中に入られた。佐伯連子麻呂と稚犬養連網田（わかいぬかいのむらじあみた）は入鹿臣を斬り殺した。この日、雨が降り、溢れた水で庭は水浸しになった。敷物や屏風で鞍作の屍（しかばね）を覆った。

第 6 章　皇位継承の危機

　ところで歴史的史料を背景に生れた説かどうかはっきりしませんが、道鏡が天智天皇の第 7 志基皇子（?-716、母は託基皇女）の子だという説があります。対して横田健一は志基皇子の王子として判明しているのは光仁天皇（白壁王、桓武天皇の父）をはじめとする湯原親王・海上女王・榎井親王・春日王であって、道鏡兄弟（道鏡と淨人）の可能性はほとんどないと指摘しています。しかし喜田貞吉は「道鏡皇胤論」（『史林』6 ノ 4）でその可能性ありとしています。

　横田健一は「道鏡 = 志基皇子王子説」の根拠について、河内郡大字弓削に式内弓削神社があることから志紀も弓削氏一族の本拠地であったからだとしています。そして志紀の地名と弓削氏の連想が、道鏡出自についての志基皇子との関係を創作させることになったと推理しています。

　私がこのような不確定要素の多い「道鏡 = 志基皇子の子」をとりあげるのには理由があります。拙著『仁徳陵の被葬者は継体天皇だ』に書きましたが、稲荷山鉄剣銘文の「獲加多支鹵大王寺在斯鬼宮時」（ワカタケル大王の寺、シキの宮に在る時）の「斯鬼宮」について、石渡信一郎はこれまでの見解を変えて、この「斯鬼宮」は「大和橿原の明宮」ではなく、藤井寺市総社の地（総社 2 丁目の国府遺跡）としているからです。

　国府遺跡は 1979 年（昭和 54）の発掘調査により衣縫廃寺とわかりました。出土瓦から飛鳥寺と同笵であることも判明し、6 世紀末の建立と推定されています。国府址の西 300m の所に志紀県主神社が鎮座しています。

　聖武天皇夫人の安宿媛（後の光明皇后）の母県犬飼三千代の本貫は古市郡とされ、安宿媛の名も隣郡の安宿郡によるものだ、と歴史学者の岸俊男は指摘しています。また聖武天皇の夫人県犬養広刀自は聖武天皇との間に朝積王、井上内新王、不破内親王を生み、親子ともども皇位継承の余波を受けて悲劇的な運命をたどっています。

113

6-4　法王道鏡の出現

◈文献上の道鏡の初出

　横田健一著の『道鏡』によると、道鏡が文献上にはじめて登場するのは
天平19年（747）の正倉院の記録「東大寺良弁大徳所使沙弥道鏡」という
記録です。正倉院の記事から道鏡が沙弥として大徳良弁に仕えていたこと
がわかります。

　沙弥とは具足（僧が守らなければならない戒律）を受けた正式の僧侶以前
の僧をいいますが、実際は僧の下働きをします。また正式なルートによら
ない私度僧がいます。道鏡が良弁の下で働く前に私度僧であったかどうか
はわかりません。

　天平19年というと孝謙天皇が即位する2年前の天平勝宝元年（749）の
ことであり、玄昉が死去する1年前です。朝廷はこの年の9月には東大寺
大仏に塗る金を探しもとめています。横田健一によれば東大寺要録にこの
年の12月に下野から金が出たと記録されています。

　これによると伊勢大神宮の示現（神仏のお告げ）により石山寺（滋賀県
大津市石山寺）をつくり、如意観音像と執金剛神を安置したからとされて
います。この石山の地は後に道鏡が孝謙天皇を治癒するための保良宮が
あったところです。それでは金の出土と良弁のもとで沙弥になった道鏡と
は何か関係があるのでしょうか。そして道鏡が内道場に入って禅師になっ
たということは具体的にはどのようなことを意味しているのでしょうか。

　内道場は宮廷内の仏を礼拝修行とする修行ですが、日本では天平7年
（735）に唐から帰国した玄昉僧正を尊んで内道場に安置したという『続紀』
天平18年6月1日条が初見とされています。したがって内道場ができた
のは玄昉が僧正になった天平9年8月ごろと推定されます。

◈道鏡、法王となる

　上皇孝謙と淳仁天皇の関係が悪化したのは、道鏡の治療によって孝謙の

健康が回復したか、あるいは上皇孝謙が道鏡から受けた宗教的かつ精神的な影響も考えられます。事実、『続紀』天平宝字6年5月23日条に「高野（孝謙）と帝（淳仁）との仲が悪くなった。このため高野天皇は保良宮から平城京の法華寺に入り、淳仁帝は中宮院に入った」と書かれています。そして6月3日孝謙上皇は国政に復帰します。

　孝謙天皇が国政に復帰して2年後の天平宝字8年（764）9月、藤原仲麻呂こと恵美押勝は琵琶湖のほとりで一族もろとも斬殺されます。その間、道鏡と孝謙天皇の関係がどれほど進展したのか『続紀』から具体的に知ることができませんが、孝謙上皇は戦勝記念に7尺の金剛像四天王像と西大寺（奈良県奈良市西大寺芝町）造立を発願します。10月淳仁天皇を廃し淡路島へ配流、道鏡を法王とします。

　仲麻呂の乱の翌月淳仁天皇は廃帝とされ、「仲麻呂と関係が深かったこと」を理由に親王の待遇で淡路国に流されます。しかし廃帝淳仁は天平神護元年（765）の10月逃亡をはかって逮捕され、その翌日亡くなりますが、実際は殺害されたのが真相だと言われています。淳仁天皇の墓（陵）は現在の兵庫県南あわじ市の天王森丘にありますが、これは宝亀3年（772）光仁天皇が僧侶60人を派遣してその魂を鎮めたからです。

　また淡路島北淡町に近い標高515mの常隆山（通称「じょうれっさん」）には、桓武天皇が殺害した皇太子早良親王の霊を鎮めるための勅願寺常願寺（高野山真言宗）があり、境内には「桓武天皇勅願所」の碑が立っています。境内の説明版によると「常隆寺」という寺の名は淡路に流された淳仁天皇が父舎人親王のために創建し、住僧常隆法師の名をとってつけられたと伝えられています。

6-5　八幡神託事件の真相

※天皇の詔と『続紀』編纂者の解説

「道鏡を皇位につかしめば天下太平にならん」という八幡神託が大宰

115

主神中臣習宜阿曾麻呂によって朝廷に報告されたのは道鏡が法王になって3年目の神護慶雲3年（769）の5月以降と言われています。

　この事件の主役道鏡と孝謙（称徳）天皇については多くの人々によって語りつがれていますが、その真相はつまびらかになっていません。出自不明の一修行僧が女性天皇と結ばれ、ついに天皇の後継者になろうとした事件ですが多くのことがわかっていません。

　しかし幸いにも正史と言われる『続日本紀』の称徳天皇（孝謙重祚）自身による和気清麻呂と清麻呂の姉法均に対する処罰の詔から事件の一端を知ることができます。この八幡神託事件に関する『続紀』神護慶雲3年（769）9月25日の記事は称徳天皇の詔と『続紀』編纂者の解説を合わせて約2000字の分量です。詳細は拙著『八幡神の正体』（新装改訂版、えにし書房）をご覧ください。

◈絶頂に達する法王道鏡の権力

　『道鏡』の著者横田健一は中臣習宜阿曾麻呂が道鏡の弟弓削浄人の配下に入ったのは神託事件の起きる5月以前とみています。中臣習宜阿曾麻呂という名の人物ですが、八幡神託事件が起きる3年前の『続紀』天平神護2年（766）6月1日条に「正6位上の中臣習宜阿曾麻呂に従5位下を授けられた」とその名が見えます。

　同年10月20日さらに藤原永手（藤原北家、参議・藤原房前の次男）が右大臣から左大臣、吉備真備が右大臣に昇格しますが、同時に太政大臣禅師の道鏡は法王の位に上りつめます。これら一連の人事は称徳天皇（高野天皇）の意向と道鏡の意思が反映する道鏡独裁の時代に入ったことを示しています。

　翌年の天平神護慶雲元年（767）3月法王宮職（道鏡のための身辺機関）が設置されます。この年の8月21日近衛少将・従5位の弓削牛養を三関国の1つ越前介、同月29日従5位下の弓削浄広方を中衛将監兼武蔵員外に任じます。そして9月4日従5位の中臣習宜阿曾麻呂を豊前介に任じます。豊前は宇佐八幡宮の所在地です。

横田健一は八幡神託事件の本質を時の権力者道鏡と道鏡一族の大宰帥弓
削浄人に阿る無節操な八幡神職団に見ています。この点、横田健一は喜
田貞吉の藤原氏が道鏡を排除するために中臣習宣阿曾麻呂と和気清麻呂
（733-799、貴族。称徳・光仁・桓武天皇に仕える）を使って神託を下させた
という説には否定的です。

　通説では習宣阿曾麻呂の神託上奏は阿曾麻呂本人による作為とされてい
ますが、喜田貞吉を筆頭に藤原氏の策謀とする説が有力です。その理由は
阿曾麻呂が道鏡失脚後、種子島守、その3年後に大隅守に任じられている
からです。しかし阿曾麻呂が種子島守に任じられたことが恩賞であるなら
ば、和気清麻呂はもっと恩賞があってしかるべきだと横田健一は指摘しま
す。

◈喜田貞吉の「藤原氏陰謀説」

　喜田貞吉らの和気清麻呂が藤原氏と共謀したという説の根拠は清麻呂の
配流中に藤原百川（732-779、参議。式家藤原宇合の八男）が備後国の封20
戸を配所の清麻呂に送ったことです。しかし横田健一は藤原百川策謀説を
否定します。なぜなら百川策謀説をとる場合、八幡神職団による道鏡側へ
の内通の可能性が大きいからです。したがって横田健一は阿曾麻呂の種子
島守も大隅守も何ら恩賞の類ではないとしています。

　横田健一の結論は、道鏡の前で命をかけて道鏡排除の神託を報告したの
は和気清麻呂です。和気清麻呂が罰せられても藤原氏は何ら立ち上がるこ
ともしませんでした。藤原永手・百川ら藤原氏は清麻呂の本位回復や任官
に援助することなく、清麻呂のその後の栄進は桓武天皇の引き立てによる
ものです。

　道鏡とその一族の台頭は、ひとえに称徳天皇の異常ともいえる好みに
よってこそなされたものであり、藤原氏はその先行きを見通していたふし
もあるというのが横田健一の見解です。

第7章　桓武天皇のトラウマ

7−1　対エミシ38年戦争の終結

◈藤原不比等の祖孫小黒麻呂

　光仁天皇最後の年の天応元年（781）正月10日、元号が「宝亀」から「天応」（8月19日から延暦）に変わり、参議・正4位下の藤原小黒麻呂が陸奥按察使を兼任します。小黒麻呂は藤原不比等を父とする藤原4兄弟北家の祖藤原房前の孫、藤原鳥養の次男です。同年2月30日光仁天皇は相模・武蔵・安房・上総・下総・常陸など坂東6国に命じて、穀10石を陸奥の軍営に運ばせます。

　同年4月1日皇太子山部親王は病気療養中の光仁天皇から位を譲られて即位し、続いて4月4日天皇桓武の弟早良親王が皇太子になります。5月7日陸奥按察使の小黒麻呂は兵部卿を兼任、27日従5位上の紀古佐美（733-797）が陸奥守になります。

　5月29日天皇桓武は藤原小黒麻呂を征夷の最高指令官に任命し、戦略の見直しを図ります。この頃から、エミシ側の首領級の名前がよく出てきます。エミシが得意とするゲリラ戦が激しくなったからです。「伊佐西古・諸絞・八十嶋・乙代」らは『続紀』における初出のエミシです。

　天応元年7月10日小黒麻呂は兵部卿から民部卿に転じ、兵部卿の後任に藤原家依が就任します。延暦元年8月25日小黒麻呂がエミシ征討の任務を終えて帰京します。小黒麻呂の主要任務は戦線の状況視察といったところです。同年9月29日征東副使の大伴益立（伊治城築城の功労者）が、任務怠慢のかどで従4位下の位を剥奪されます。『続紀』は、「益立は征討の時機を誤ったばかりか空しく軍糧を費やしたので、改めて征討大使とし

119

て小黒麻呂をつかわしたのだ」と記しています。

❖桓武天皇の母高野新笠

ところで山部親王こと桓武（737-806）は光仁天皇と和新笠との間に生まれた第１皇子ですが、母の和新笠の家柄が低かったため即位したときの年齢は44歳です。新笠は百済系土師氏を出自とする真妹を母とし、父は和乙継という百済系渡来人です。

和新笠の「高野」になった理由は聖武天皇の娘高野天皇（孝謙天皇）にあやかったものと考えられます。称徳を「高野天皇」と呼ぶのは高野山陵に葬られたからです。歴史学者の瀧浪貞子は新笠の同族が高野天皇陵（奈良市山陵町字御陵前）の所在する大和国添下郡の郡司であり、陵の管理にかかわっていた関係とみています。

通説では桓武天皇の母高野新笠は身分が低かったとされています。しかし、古代日本国家が新旧２つの渡来集団によって成立し、天智・天武が百済系渡来集団の始祖王応神＝倭王武（昆支王）の末裔であるならば、高野新笠が百済系武寧王の子純太王の子孫であることはほぼ間違いないばかりか、桓武自身が父光仁を通して百済系継体→敏達→舒明→天智の血を受けついでいます。

したがって本書では桓武がれっきとした百済系渡来団の末裔であることを前提に話をすすめていきます。なぜなら隅田八幡鏡銘文や武寧王陵の発掘（1971年）やその後の調査・研究から武寧王が昆支王の子であり、継体天皇（男弟王）が昆支の弟であることも明らかになっています（『隅田八幡鏡』参照）。であれば先の高野新笠の身分が低いという瀧浪貞子の見解は十分に修正の余地があると言えます。

❖２つの冤罪事件

天応元年（781）12月23日桓武の父光仁天皇が73歳で亡くなります。桓武天皇の即位早々、２つの事件が相次いで起きます。1月の川継事件と3月の三方王魘魅事件です。川継王は父の塩焼王が天武の孫（新田部親王

第7章　桓武天皇のトラウマ

の子）であり、母の不破内親王が聖武の娘ですから天武系の血脈では山部王（桓武）の比ではありません。

　この川継王が「朝廷を傾けよう」としたというのです。この事件で大伴家持や右衛士督、坂上苅田麻呂ら35人が嫌疑を受けます。もう1つは天武天皇を父にもつ舎人親王の孫にあたる弓削女王（三原王の子）とその夫三方王（舎人親王の孫）による呪詛事件です。

　この2つの事件の共通点は天武系の血をひく親王（皇子・皇女）を排除するための冤罪事件であることです。不破内親王と川継王は淡路島に流刑されますが、逃走を試みて捕まった川継王は伊豆諸島に流されます。

　いっぽうの三方王は妻の弓削女王と一緒に日向に流されます。このように天武系皇子・皇女排除の策謀はエミシ征討中に行われます。天皇桓武の皇位継承のトラウマは対エミシ38年戦争の続行と終結に一層の拍車をかけることになります。

　山部親王（桓武）が皇太子になったのは宝亀4年（773）の1月2日ですが、その陰のプロデューサーは宇佐八幡宮神託事件で暗躍した藤原百川（732-779、雄田麻呂改名、藤原式家藤原宇合の8男）とされています。その証拠に桓武天皇は百川の子藤原緒嗣（774-843、左大臣）を9歳の若さで参議にした際に、「緒嗣の父なかりせば、予、あに、帝位を踏む得んや」と言ったといいます。

7-2　桓武天皇の実弟早良太子の悲劇

※大伴家持の左遷と死

　桓武天皇のもっとも大きなトラウマは藤原種継暗殺事件に関与したとして実弟の皇太子早良親王を廃太子したことです。藤原種継（738-785）は式家藤原宇合の孫藤原清成（百川の兄）の長男です。叔父の良継・百川の死後は種継が式家を代表する立場にいました。

　藤原種継の暗殺事件は『続日本紀』桓武天皇延暦4年（785）9月23日

121

から24日条にかけて次のように書かれています。この記事から種継暗殺の概要がほぼわかります。

　　9月23日中納言で正3位の式部卿兼任の藤原種継が、賊に射られて死んだ。24日、天皇は平城京より帰り、大伴継人・竹良とその徒党の数十人を捕らえて調べた。そろって罪を認めたので斬首あるいは配流した。
　　藤原種継は藤原宇合の孫である。天平神護2年に従5位を授けられ、美作守に任じられ、しばらくして宝亀末年に京大夫兼下総守に任じられ、すぐに従4位を加えられて左衛士督兼近江按察使に転任した（天応元年）。
　　延暦の初めに従3位を授けられ中納言兼式部卿を拝命した。延暦3年に正3位を授けられた。種継は天皇の信任が非常に厚く、内外の事をみな決定した。
　　初め種継が中心になって建議し、都を長岡京（現京都市向日市、長岡京市、京都市西京区）に遷すことにした。宮室は造り始められたが造宮司はまだ出来上がらず、職人や人夫は日夜ぶっ通しで工事をしていた。天皇が平城京に行幸することになって、皇太子の早良親王と右大臣の藤原是公、中納言の藤原種継らはそれぞれ長岡京の留守官となった。種継は夜も松明を照らして工事を検分しているところ矢を射られ、翌日自宅で亡くなった。時に49歳であった。天皇はその死を大変悼み、詔して正1位・左大臣を贈った。

※大伴家持の左遷と死

　奇妙なのは9月23日の種継暗殺の約1ヵ月前の『続紀』桓武天皇4年8月24日条と8月28日条に次のような記事があることです。

　　天皇（桓武）は平城京に行幸した。これ以前から朝原内親王（桓武天皇の第2皇女）は平城にいて斎戒をしていたが、このとき斎戒の期

間を終えていよいよ伊勢神宮に向かうところであった。それで天皇は
じきじき立ち合うために平城に出て来られたのである（8月24日）。

中納言・従3位の大伴宿禰家持（718-785）が死んだ。祖父は大納言
で贈従2位の大伴安麻呂、父は大納言・従2位の大伴旅人（665-731。
養老4年＝720年の征隼人持節大将軍）である。家持は天平17年に従
5位下を授けられ宮内少輔に任ぜられた。中央と地方官を歴任した後、
宝亀の初め従4位下・左中弁兼式部員外大輔に至った。宝亀11年に
参議を拝命した。左右の大弁を経て、間もなく従3位を授けられた。
しかし氷上川嗣の謀反を起こした事件で罪に問われ、罷免された。
その後、詔があって罪を許され参議・春宮大夫に復した。ついで本官
のまま京師を出て陸奥按察使に任ぜられ、間もなく中納言に任らじれ
たが、春宮はもとのままであった。

死後20年後、家持の屍体がまだ埋葬されないうちに、大伴継人・
大伴竹良らが藤原を殺害、事が発覚して投獄されるという事件が起
こった。これを取り調べると、事は家持らに及んだ。そこで追って除
名処分とし、息子の永主らはいずれも流罪に処せられた（8月28日）。

私が奇妙だと思うのは、9月23日の藤原種継暗殺事件以降の『続紀』
には種継暗殺事件の首謀者がだれか書かれていませんが、その1月前の
24日と28日条に首謀者の名が出ていることや、多賀城にいた大伴家持が
いかにも種継事件に関係したかのように書かれていますが、家持が多賀城
で亡くなったのか、上京して平城で亡くなったのその背景がよくわからな
いことです。

『桓武天皇』の著者村尾次郎（1914-2006、元文部省主任教科書調査官）は
大伴家持の奥州左遷について次のように書いているので、家持と種継の両
者の関係とそれぞれおかれた立場が知ることができます。

早良太子は大伴家持らを信頼し、種継のようなやり手をうとんじた
のあろう。しかも大伴の一家は平城の朝廷に忠誠を誓った氏であり、

反平城の流れには同調できない観念の持主である。天皇の信任をほし
いままにしている種継はむしろ家持のような保守的で純情な老将軍
を軽くいなす立場にあったといってよい。延暦3年の正月、北家小黒
麻呂と式家種継とはともに中納言となり、先任の中納言家持を持節征
東大使として奥州に出してしまった。

ところで皇太子早良親王が種継暗殺関与の疑いで乙訓寺（長岡京市今里）
に幽閉され、後、淡路に移送中に死亡したことは『日本紀略』（平安時代
の編纂。六国史から抜粋。編者不明）に書かれていますが、『続紀』伝記は
全く触れていません。もっとも早良親王が種継暗殺関与の疑い幽閉された
ことは『続紀』の編纂者にとって決して記事としてはならない不都合な冤
罪事件であったのです。

　種継暗殺事件に関与したとして乙訓寺（長岡京市今里）に幽閉された早
良親王は、淡路へ移送される途中、高瀬橋（大山埼のあたり）で絶命します。
『日本紀略』によれば、この事件は大友家持、同継人を中心とする人々が
皇太弟早良親王と密談して種継を暗殺したというのが捜査の結論です。

　桓武天皇より12歳年下の早良親王ですが、桓武と早良との関係は悪化
したという大方の説は次の通りです。早良親王は東大寺の等定僧都を師と
して三堂に移り、父光仁の即位によって親王号を与えられ「親王禅師」と
呼ばれました。早良親王が東大寺別当良弁（689-774）の後継者に指名され
てからは東大寺の代表者となり、兄桓武の即位の際、環俗して皇太弟とな
ります。

　皇太弟となった早良親王は佐伯今毛人（738-785、貴族。聖武から桓武ま
で6人の天皇に仕える）を抜擢して参議に任命しますが、種継がこれに反
対して親王と対立します。桓武は藤原種継とほぼ同年生まれのよしみ（親
交）から今毛人を参議からはずして3位に格下げします。早良親王は桓武
に抗議しますが、これ以来桓武と早良との関係は悪化したというのが大方
の説です。

　しかし先の村尾次郎は、種継が佐伯今毛人を容認しなかったため桓武と

早良親王の関係が悪化したいう説は『水鏡』（平安時代後期の歴史物語。著者は中山忠親といわれるが未詳）に依拠しているとし、むしろ今毛人は長岡遷都にあたって造宮関係者として種継に同調しているのが史実であるとしています。

❖薬子の変

　桓武天皇が早良親王の鎮魂のために建立したという栗林常隆寺は北淡路随一の秀峰常隆山（標高515m）の頂上近くにあり、早良親王の陵墓は常隆山から下る途中の宇仁井にあります。早良親王のあと皇太子に立てられた安殿親王（のちの平城天皇）は、桓武と藤原乙牟漏（良継の娘）の長子として生まれ、同母弟に神野親王（後の嵯峨天皇）がいます。

　平城天皇には葛井藤子の間に生まれた阿保親王がいます。阿保親王は平城天皇の第1皇子ですが、薬子の変に連座して大宰帥として左遷されます。阿保親王の第5子が在原業平です。薬子の変とは大同5年（810）の平城上皇と嵯峨天皇が対立した際、嵯峨天皇側が兵を発動したので平城天皇が出家した事件です。

　この事件の発端は中納言藤原縄主の妻で3男2女の母である藤原薬子（?-810）が安殿親王の宮女となるや安殿親王と深い関係となったからです。そのため桓武天皇の怒りをかい、薬子は東宮から追放されます。しかし延暦25年（806）平城天皇が即位すると、薬子は再び召され尚侍となります。

　尚侍の多くは摂関家などの有力な家の妻や娘から選任され、天皇に近侍し奏請と伝達の仕事をします。薬子の夫の縄主は大宰帥として九州に左遷され、天皇の寵愛を一身に受けた薬子は兄の藤原仲成と組み政治に介入するようになります。

　大同4年（809）4月1日生来病弱の平城天皇はわずか3年で弟の神野親王（嵯峨天皇）に譲位して上皇になります。嵯峨天皇は上皇平城の子高岳親王（平城天皇の第3皇子。異母兄に阿保親王、甥が在原業平）を皇太子とします。

　同年12月旧都平城京に移り住んだ平城上皇は、藤原仲成と薬子の誘導

によって翌大同5年（810）9月6日平安京の貴族たちに平城京遷都の詔を出して政権の掌握を図ります。しかし嵯峨天皇は薬子の官位を剥奪し機先を制します。

対して上皇平城は薬子とともに東国に入ろうとしますが、坂上田村麻呂に遮られて平城に戻り出家し、薬子は服毒自殺します。結果、高岳親王は皇太子を廃され、大伴親王（後の淳和天皇）が立てられます。以上が薬子の変の概要です。

❖貴種とされた昆支氏族

当時、桓武天皇にとって長子安殿親王（平城）は生来虚弱である上、夫人藤原旅子（百川の娘）の死去に続く、母高野新笠の死、皇后藤原乙牟漏（桓武天皇の皇后）の死などがあったので、陰陽師の占いは早良親王の祟りと出ます。そこで延暦24年（805）4月早良親王の遺影が淡路北淡から今の奈良市八島町の崇道天皇八嶋陵に移されました。早良親王の霊を祀る崇道天皇社は奈良市西10番地に鎮座しています。

早良親王の「崇道」という天皇号が追称されたのは延暦19年（800）7月23日です。この年の3月14日富士山が爆発し4月18日まで続いたと『日本紀略』に記されているので、エミシ征討が終わりに近づいているとはいえ、早良親王の祟りは晩年の桓武の身体にひどくこたえたに違いありません。

桓武天皇の母高野新笠は父光仁がまだ白壁王といわれていたときの妻の一人です。百済系の母をもつ桓武天皇は790年（延暦9）2月の詔で「百済王等は朕が外戚なり」とし、百済王氏（百済最後の王義慈王の子善光を始祖とする。持統朝に百済王の氏姓を賜与される）を桓武の母方の親族とみなしています。桓武は母の新笠が百済王の子孫であったこともあり、百済王氏に対して強い親近感をもっていました。

したがって百済俊哲の娘や孫娘をふくめて、百済王氏出身の女性9人が桓武の後宮に入っています。そのうちの2人の女性は桓武との間に皇子・皇女を生んでいます。桓武の後宮には飛鳥戸や錦織氏などの百済系氏族

の女性も入っています。

百済永継は昆支の子孫といわれる飛鳥部奈止麻呂の娘として 785 年（延暦 4）桓武との間に皇子を生んでいます。昆支大王（倭王武）の血を引く女性が桓武の子を生むことができたのは、桓武が百済系の氏族に好意をもっていたからであり、昆支系の氏族が桓武時代以前に「貴種」とされていたからです。

百済永継は桓武の後宮に入る前に、藤原内麻呂（756-812、藤原真楯の 3男）の妻として 774 年（宝亀 5）に真夏、775 年（宝亀 6）に冬嗣を生んでいます。冬嗣は 823 年（弘仁 13）正 2 位、825 年（天長 2）に左大臣になります。

冬嗣はのち藤原氏北家隆盛の基礎を築きます。冬継→良房→基経→忠平→師輔→兼家→道長→頼道と続きます。道長が「この世をばわが世とぞ思ふ望月のかけたることもなしと思へば」と歌った心境もわかるというものです。

冬継が桓武・平城・嵯峨天皇（3 代）に仕えることができたのも、正 3位・大納言藤原真楯の子藤原内麻呂が外従 5 位下にすぎない飛鳥戸奈止麻呂の娘永継を妻としたのも、加羅系の中臣鎌足を祖とする藤原氏が百済系昆支の血統を貴んでいたからです。

昆支系の血統が「貴種」とされていたのは、昆支が天皇家の始祖王であることが密かに知られていたからです。桓武がエミシを「蛮夷」と呼んでいるのも、百済系を自負する桓武にとってエミシは異人種だったからです。このこともあり、対エミシ 38 年戦争において百済王俊哲は獅子奮迅の働きをしています。

『続日本紀』桓武天皇延暦 4 年（785）4 月 1 日条によれば中納言従 3 位の春宮大夫（皇太子の家政一般を管理する長官）で陸奥按察使・鎮守将軍兼任の大伴家持から次の要請の連絡が入ります。

　　　名取以南の 14 郡は山や海の僻地にあって、砦（多賀城）から遥かに離れているので、徴兵して出動しても緊急の事態に間に合いませ

ん。このために仮に多賀・階上の2郡を置いて人や兵を集めて東西の防御としました。しかしこれでは名ばかりの開設で統率する官人もいません。どうか正規の郡をつくって官員を備え置くようお願いいたします。

※坂上苅田麻呂真の出自

この大伴家持の申請を桓武天皇は許可します。大伴家持の申請から2ヵ月後の6月10日右衛士官従3位で下総守を兼任する坂上大忌寸苅田麻呂（坂上田村麻呂の父）から次のような上奏文が天皇に伝えられます。

　　私どもは、もとは後漢の霊帝の曾孫阿智王の後裔です。後漢の帝位が魏に遷った時、阿智王は中国を出て帯方（朝鮮）の地へ行きました。そこに国邑を建てその土地の人民を養育しました。その後、母の弟迂興徳と7つの姓をもつ人民を引き連れ、天皇の徳化に帰そうと来朝しました。これは誉田天皇（応神天皇）の御代のことです。今は臣下の苅田麻呂らは先祖の王族の姓を失って下級の人の卑しい姓を授けられています。どうか忌寸の姓を改め、宿禰の姓を賜りますようお願い申し上げます。

　天皇は、苅田麻呂の奏上通り坂上・内蔵・平田・大蔵・文・調・文部・谷・民・佐太・山口など11の忌寸の姓を持つ16人に宿禰の姓を許可します。実はこれより13年前の『続日本紀』光仁天皇宝亀3年（772）4月20日条に次のような記事があります。

　　正4位下・近衛員外中将兼安芸守で勲2等の坂上大忌寸苅田麻呂らが、次のように言上しました。「檜前忌寸の一族をもって、大和国高市郡（橿原市、桜井市、高市郡明日香村ほか1町）の郡司に任命しているそもそもの由来は、彼らの先祖の阿智使主が、軽嶋豊明宮に天下を治められた応神天皇の御世に、朝鮮から17県の人民を率いて帰化

し、天皇の詔があって高市郡檜前村の地を賜り居をさだめたことによ
ります。およそ高市郡内には檜前忌寸の一族と17県の人民が全土い
たるところに居住しており、他姓の者は10に1、2割程度しかありま
せん」

さらに坂上大忌寸苅田麻呂の言上は続きます。

　そこで天平元年（聖武天皇の729年）11月15日に従5位上の民忌
寸袁志比らがその由縁を申し上げ、天平3年に内蔵少属・従8位上の
蔵垣忌寸家麻呂が高市郡の少領に任じられ、天平11年に家麻呂は大
領に転任して、外従8位の蚊屋忌寸子虫が少領に任ぜられました。今、
これらの人たちが郡司に任じられるにつきましては、必ずしも子孫
に郡司の職を伝えてはいません。しかし3氏（蔵垣・蚊屋・文・山口）
は交互に高市郡司に任命されて、今までに4世代を経ています」と。
そして天皇の勅を承ると、これより後は郡司としての系譜を調査
せず、檜前忌寸一門の者を郡司に任命することを許すようにとのこと
でした。

　ところが桓武天皇785年と光仁天皇772年の阿智王に関する記事が、な
んと『日本書紀』応神天皇20年（干支は己酉、289年）9月条に「倭漢直
が祖阿智使主とその子都加使主とが、ともに17県の自分の党類を率いて
来朝した」と書かれています。
　この都加使主は『日本書紀』雄略天皇7年（干支は癸卯の463年）是年
条にみえる東漢掬と同一人物と考えられます。なぜなら応神天皇20年
（干支は己酉、289年）の干支己酉を3運（180年）繰り下げると雄略天皇
13年（干支は己酉、469年）にピッタリ合致しませんが、おそらく雄略天
皇（不在天皇10人の1人、在位457-498）の史実を応神紀に挿入したので
しょう。
　東漢氏の居住地檜前に近い新沢千塚古墳（奈良県橿原市北越智町・川西

町に位置する日本有数の大古墳群）の木棺直葬墳が激増するのは6世紀前半です。これら木棺直葬墳は百済系の東漢の一族が遺した墓です。『日本書紀』応神天皇15年（干支は甲辰の284年）8月6日条に次のように書かれています。

　　　百済王は阿智岐を派遣して良馬2匹を献上した。そこで軽の坂の上の厩で飼わせた。そうして阿智岐に担当させ飼育させた。それゆえその馬を飼育した所を名付けて厩坂という。

　引用文中の「軽の坂上」は旧高市郡内にあり、坂上は坂上苅田麻呂の姓と同じです。阿智岐は東漢氏の祖阿智使主の居住地で馬の管理をしていたと考えられます。阿智使主の「使主」も、阿直岐の「岐」も古代朝鮮語の尊称です。しかも名はともにアチ（阿知・阿直）です。

　したがって応神の時代に渡来した2人の渡来人は同一人物をみることができます。阿直岐は百済王から派遣されたとありますから、東漢氏の祖阿智使主は百済王の指示によって支配下の百済人を率いて渡来したのでしょう。

　軽の地には応神天皇の明宮があります。東漢氏が強力な軍事力をもっていたことは新沢千塚古墳から多数の新鋭の武器が出土していることからも明らかです。5世紀前半に百済系渡来集団が移住したことは、応神が百済系大王であったことを如実に物語っています。

◈百済王俊哲と坂上田村麻呂

　延暦9年（790）閏3月4日桓武天皇はエミシ征討のために諸国に革の甲2000領を作らせます。東海道は駿河より東の国々、東山道では信濃国より東の国々で、国ごとに数の割り当てがあり、3年以内に造り終わらせるというのです。

　延暦11年（791）エミシ征討のため、桓武天皇は正5位上の百済王俊哲（?-795）と従5位下の坂上田村麻呂を東海道、従5位下の藤原真鷲（北家藤原魚名の子）を東山道に遣わし、兵士の検問と武具の検査をさせます。

第7章　桓武天皇のトラウマ

　同年2月5日陸奥磐城郡の住人丈部善理に外従5位下を授与します。善理が延暦8年（789）の胆沢巣伏橋の渡河作戦で戦死したからです。2月21日陸奥守・従五位下の文室大原が鎮守副将軍を兼任し、6月10日鉄製の甲3000領を諸国に命じて、新しい仕様で修理させました。

　同年7月13日従4位下の大伴弟麻呂が征夷大使、百済王俊哲、多治比浜成、坂上田村麻呂、巨勢野足（749-817、巨勢氏の嫡流）がそれぞれ征夷副使に任じられます。9月22日下野守・正五位上の百済王俊哲が陸奥鎮守将軍を兼任しました。10月25日東海道・東山道の諸国に命じて、征矢3万45余具を作らせます。11月3日さらに坂東の諸国に命じて、兵糧の糒12万余石をあらかじめ準備させます。

7-3　『続日本紀』から『日本後記』

※ 70%の記録を喪失した『日本後記』

　『続日本紀』は桓武天皇の延暦10年（791）2月17日の記事で終ります。エミシに関する『続日本紀』の記事は、坂東諸国に糒を準備させた11月3日の記事が最後です。延暦11年（792）1月からは『日本後記』に移ります。

　『日本後記』は延暦11年の初頭から仁明天皇の天長10年（833）2月28日までの41年間の記録です。『日本後記』の序文によると、弘仁10年（819）の嵯峨天皇の時代、陸奥出羽按察使藤原冬嗣・藤原緒嗣・藤原貞継・良岑安代らが編集作業に入り、緒嗣を残して3人が死去します。

　『日本後記』の編纂は淳和天皇（嵯峨天皇の異母兄）の時代に引き継がれ、清原夏野・小野岑守らが担当しますが、833年の淳和天皇の譲位まで完成させることができませんでした。仁明天皇（嵯峨天皇の第2皇子）の詔によって、藤原緒嗣・源常・藤原吉野・陸奥出羽按察使藤原良房・朝野鹿取らが作業を継続し、承和7年（840）に完成します。時の左大臣は藤原諸嗣、右大臣は清原夏野です。淳和天皇の時の編纂員で残っていたのは藤原吉野

131

です。

　ところで『日本後紀』は全40巻のうちで巻5・8・13・14・17・18・21・22・24を残すのみで全体の75%にあたる30巻が中世末までに失われます。

　残存した10巻も江戸後期の国学者塙保己一（1746-1821）が収集します。以後、逸文（失われた記事）については、六国史の記事を簡略化した『日本紀略』や『類聚国史』などから補充することでその復元が試みられます。

　復元されたものは、『新訂増補国史大系』（吉川弘文館、1961年）、『増補六国史』（全20巻、佐伯有義、朝日新聞社、1940年）、『訳註日本史料　日本後紀』（黒板伸夫・森田悌編、集英社、2003年）などで知ることができます。

　私が使っているのは森田悌（1941-、群馬大学名誉教授）の全現代語訳『日本後紀』（講談社学術文庫、講談社）です。坂上田村麻呂の出征や阿弖流為と母礼が河内国の植山で斬殺される延暦21年8月13日の記事は本書によって知ることができます。

※坂上田村麻呂、征夷大将軍になる

　延暦12年（793）年7月25日桓武天皇は「いま聞くところによると夷尓散南公阿破蘇（岩手県二戸市仁左平のエミシ説あり）が遠方から朝廷の徳化を慕い、帰服の気持ちを抱いているという。その忠義の真心を思うと、深く讃め称えるべきものがある。夷地から京までの路次の国は、逞しい軍士300騎を選んで国境で京へ向かう阿破蘇を迎接し、もっぱら威勢のほどを示せ」と勅します。

　10月1日陸奥国の俘囚である吉弥侯部真麻呂と大伴部宿奈麻呂を外従下に叙します。11月3日陸奥の帰服したエミシである尓散南公阿破蘇と宇漢米公隠賀（岩手県九戸郡大川目村のエミシ説あり）と俘囚吉弥侯部荒嶋らを朝堂院で饗応します。阿破蘇と隠賀には爵位の第1等を授け、荒嶋は従5位に叙します。11月28日出羽国平鹿・最上・置賜3郡に居住するエミシに対し、田租を免除します。

　『日本後紀』桓武天皇延暦12年2月17日条によれば征東使は征夷使に

改められます。そして2月21日征夷副使の近衛少将坂上田村麻呂が天皇に出征の挨拶をします。そしてまた翌延暦13年6月13日条に「征夷副将軍坂上田村麻呂以下の者がエミシを征討した」とあります。

　ここで坂上田村麻呂がなぜ「征東使」から「征夷使」に改められたのかその理由は知ることはできません。また坂上田村麻呂が征夷副使として出征してから約1年4ヵ月の間に行われたはずの肝心の征討の記事が『日本後紀』には見当たらないのです。

　したがって『日本後紀』延暦12年2月17日の記事から延暦13年6月13日の間に征夷副使田村麻呂の関係する記事を探すとするならば、延暦13年1月16日の「参議大中臣諸魚を伊勢神宮へ派遣して、奉幣した。蝦夷征討を祈願してのことである」という記事と同年5月6日条の「騎射をとり止めた。征夷のために大軍を動員したことによる。天皇が侍臣と宴を催した。禄を下賜した」という記事です。

　1月6日に大中臣諸魚の伊勢神宮参拝の意味はわかるにしても、5月6日の「騎射」は桓武天皇が特に好んだという「狩猟」のことでしょうか。エミシ征討のための軍事訓練でしょうか。たしかにこの空白期間に桓武は7回の「宴」と15回の「狩猟」を行っています。「狩猟」の場所は大原野（5回）、葛野（4回）、栗倉野（2回）、端野（2回）、水中野（1回）、交野（1回）です。

　◈延暦13年の平安京遷都

　延暦13年（794）10月28日征夷大将軍大伴弟麻呂（731-796）が斬首457級、捕虜150人、馬の捕獲85疋、焼落した村75処の戦果を挙げたと天皇に奏上します。この日遷都が行われ、新都を平安京と名付けます。

　征夷大将軍大伴弟麻呂は征夷使の田村麻呂より位は上位にありますが、肩書だけで実際の戦果は田村麻呂によるものでしょう。翌延暦14年（795）1月29日征夷大将軍大伴弟麻呂が天皇に節刀を返還します。

　同年5月10日俘囚の外従五位下吉弥侯部真麻呂父子2人を殺害したことで、俘囚の大伴部阿弖良らの妻子・親族66人を日向の国へ配流します。

133

8月7日陸奥鎮守将軍百済王俊哲が死去します。

同年11月3日出羽国が渤海国使呂定琳ら68人がエミシの地志理波村（秋田県能代あたり）に漂着して襲撃を受け、人・物共に失われたと報告します。朝廷は生存している人たちを越後国へ還し、規定に従い休養せよとの勅を下します。12月26日出征中の軍隊から逃亡した諸国の兵士340人に対して死罪を免し陸奥国に配置して永く柵戸とすることにします。

延暦15年（796）10月25日近衛少将従四下の坂上田村麻呂が鎮守将軍を兼任します。11月2日陸奥国の伊治城と玉造塞との間は35里ほどあるので、急事に備えるため中間に駅家を置きます。11月21日相模・武蔵・上総・常陸・上野・下野・出羽・越後の国の民9000人を移住させ、陸奥国の伊治城所属とします。

延暦16年（797）年1月25日天皇は次のように勅します。「山城郡愛宕・葛野両郡では、人が死ぬと住宅地のかたわらに埋葬することが慣いとなっている。いま両郡共に平安京に近接しているので、汚穢を避けなければならない。国司・郡士に通知して禁止せよ。違反した場合は外国（畿外諸国）へ追放せよ」

　※蝦夷は野蛮な性格を改めず……

延暦17年（799）11月5日坂上田村麻呂が征夷大将軍に任じられます。翌延暦18年2月21日陸奥国新田郡の百姓弓削部虎麻呂・妻丈部小広刀自女らを日向へ配流します。長らくエミシの居住地に住みつき、その言葉を習得し、しばしば妖言をもってエミシらを扇動したからです。

同年3月8日出羽国の狩猟生活を主とするエミシである山夷への禄支給を停止し、山夷と農耕生活をおくる田夷とを問わず、功績のあるエミシへ禄を支給することにします。

同年12月19日陸奥国が「俘囚吉弥侯部黒田とその妻田苅女、吉弥侯部都保呂とその妻吉弥侯部都留志女らは野蛮な心を改めず、エミシの居住地に往来している」と報告してきたので、身柄を拘束して太政官へ送らせ、土佐国へ配流することにします。延暦19年（800）3月1日出雲国介従5

第7章　桓武天皇のトラウマ

位下石川朝臣石川清主から次のような報告がありました。

　　　俘囚らに対する冬の衣服の支給は、慣例によれば絹と麻布を交え賜
　うことになっていますが、私はこれまでの方式を改め、絹のみ支給
　しました。また、俘囚1人につき、1町の乗田（班田のときに余った
　田）を支給して、富裕な百姓に耕作させました。新来の俘囚60余人
　は寒い時期に遠方からやって来た者たちですから優遇する必要があ
　り、それぞれに絹1疋・綿1屯を支給し、5、6日間隔で饗事と禄を
　賜い、毎月1日ごとに慰問しようと思います。また、百姓を動員して
　俘囚の畑地を耕作させようと思います。

　対して桓武天皇は次のように勅します。「俘囚を慰撫することについて
は先に指示を行った。しかし、清主は指示の趣旨に反して饗事や賜物に出
費が多く、また俘囚に支給した田の耕作のことで百姓に迷惑をかけている。
これらはみな、朝廷の制度とすべきでない。また、エミシは性格が限りな
く貪欲であり、一度優遇したのちそれを変えると怨むことがあるから、今
後は優遇することをしてはいけない」と。同年5月21日陸奥国から次の
ように報告がありました。

　　　帰順してきた蝦夷は城柵の守りにつき、陸奥の国庁へ出仕する女な
　どで、しきりに労働に従っています。ところで野蛮な者を手なずける
　方法は威と徳にあります。もし蝦夷を優遇しなければ、朝廷の威厳を
　失うことになりましょう。いま蝦夷の食糧が不足していますので、伏
　して30町を国が営田して、その収穫をエミシが必要とする経費に充
　てることを要請します。

　その翌日の5月22日甲斐国が「移住した蝦夷は野蛮な性格を改めず、
粗暴で懐かず、百姓と争い、婦人を勾引し、牛馬を奪って勝手に乗り回し
ています。朝廷の禁令がないと、このような暴力行為を取り締まることが

できません」と報告します。対する天皇の勅は次の通りです。

　蝦夷を夷地から離し、国内に居住させるのは、野蛮な生活を改め、教化に親しませるためである。エミシが野蛮な気持のまま、良民を損なうことがあってはならない。国司が懇ろに教えさとし、その上で改めなければ、法により処罰せよ。蝦夷を居住させている他の諸国も、同様にせよ。

7-4　征夷大将軍坂上田村麻呂

◈坂上田村麻呂、胆沢城築造

　延暦20年（801）2月14日坂上田村麻呂に節刀が下賜されます。4月15日天皇は「三論宗と法相宗とでは教義をそれぞれ異にしており、両者の教えをあらかたわきまえる必要がある。そこで、今後は年齢が20歳以上の者を採ることを認め、試験の日には三論・法相両宗の違いについて答えさせ、受戒のときに再度の試問を行うことを廃止せよ」と勅します。

　同年9月27日征夷大将軍坂上田村麻呂らが「服属しない蝦夷を討ち取りました」と報告します。10月28日坂上田村麻呂が参内を求められ、節刀を返します。11月7日天皇は「陸奥国の蝦夷らは以前の天皇の代から長期にわたり、辺境を侵犯して百姓を殺し、奪うことを行ってきているので従4位上坂上田村麻呂大宿禰らを遣わして討ち平らげことにした」と詔をして、坂上田村麻呂に従3位を授与します。

　延暦21年（802）1月7日陸奥国の3神の神階を上げます。征夷将軍田村麻呂が霊験のあったことを奏上したからです。田村麻呂将軍の言う「陸奥国の3神」がどのような神がここではわかりません。石渡信一郎の仮説「新旧2つの旧の崇神王朝による日本古代国家成立」の崇神を始祖王とする加羅系渡来集団が東北侵略の過程で祭った神かもしれません。

　同月9日桓武天皇は従三位坂上田村麻呂を遣わして陸奥国の胆沢城を

築造させることにします。同月11日天皇は「官軍が出撃して、支配領域を遠方まで広げた。駿河・甲斐・相模・武蔵・上総（かみふさ）・下総（しもふさ）・常陸・信濃・上野・下野等の国の浪人4000人を陸奥国の胆沢城に向け出立させ、柵戸とせよ」と勅します。13日越後国の米1万600石と佐渡国の塩120石を、毎年、出羽国の雄勝城に運び、城に詰める鎮兵の兵粮に充てることにします。同月13日桓武天皇は次のように勅します。

　　　いま聞くところによると、三論・法相の両宗はお互いに争い、両宗
　　を学ぶ者はそれぞれ一宗のみを学び、他宗をすべて抑え退けるような
　　ことをすれば、仏教は衰微することになろう。今後は、正月の最勝王
　　経会と10月の維摩経会においては六宗の僧侶を呼び、それぞれの学
　　業を広めるようにせよ。

※アテルイとモレの処刑

　延暦21年（802）年4月15日胆沢城陸奥按察使従3位坂上田村麻呂らが「夷大墓阿弖流為（えみしおおのきみあてるい）（以下、アテルイ）と磐具公母礼（いわぐのきみもれ）（以下、モレ）らが、500余人の仲間を率いて降伏しました」と報告します。

　同年7月10日坂上田村麻呂がアテルイとモレの両人を従えて帰京します。そして8月21日アテルイとモレらを斬刑とします。2人は陸奥国内の奥地である胆沢地方のエミシの首長です。

　アテルイとモレの両人を斬刑に処する時、坂上田村麻呂は「今回はアテルイ・モレの希望を認めて郷里へ戻し、帰属しないエミシを招き懐かせようと思います」と申し出ましたが、公卿らは自分たちの見解に固執して「夷らは性格が野蛮で、約束を守ることがない。たまたま朝廷の威厳により捕まえた賊の長を、もし願いどおりに陸奥国の奥地へ帰せば、いわゆる虎を生かして災いをあとに残すのと同じである」と主張したので、ついにアテルイとモレは河内国の植山で斬刑に処されます。

　アテルイとモレの斬刑後の坂上田村麻呂とエミシ征討に関係する記事を『日本後紀』から拾ってみると次のようになります。

桓武天皇延暦22年3月6日造紫波城使従3位行近衛中将坂上田村麻呂が天皇に暇乞いし、彩帛（絹布）50疋・綿300屯が与えられる。同年22年4月25日摂津国の俘囚吉弥候部子成男女8人と陸奥国吉弥候部押人ら8人に姓雄谷を賜った。

　翌延暦23年（804）1月19日武蔵・上総・下総・常陸・上野・下野・陸奥等の国の糒1万4315斛・米9685斛を陸奥国小田郡の中山柵（宮城県石巻市）へ運んだ。蝦夷征討のためである。同年同月18日刑部卿陸按察使従3位坂上田村麻呂を征夷大将軍に任じる。

　同年8月7日征夷大将軍近衛中将兼造西寺長官陸奥出羽按察使陸奥守勲2等坂上田村麻呂等を派遣して和泉・摂津両国の行宮の地を定めた。天皇が和泉・紀伊両国へ行幸するためである。同年10月8日天皇が蘭生野（大阪府岸和田尾生町）で狩猟した。近衛中将従3位坂上田村麻呂が献物を行い、綿200斤が与えられた。

　同年（804）11月22日出羽国が次のように言上した。秋田城（秋田市高清水岡）は建置以来40年経っていますが、土地が痩せて穀物生産には不適当です。さらに北方に孤立しています。近隣に救援を求めることができません。伏して、今後永く秋田城を停廃して河辺府〔後の秋田県大仙市払田・仙北郡美郷町の払田柵跡か。払田柵跡からは「嘉祥二年（848-851、文徳・仁明天皇時代）正月十日」と記された木簡が出土〕を防衛の拠点とすることを要望します。秋田城を停廃して周辺を秋田郡と城周辺に居住する者は当地に本籍を有する土人と浪人を問わず、秋田郡所属の民とせよと命じた。

◈秋田城と河辺城との利害

　なお、先に引用の「河辺府防衛の拠点」については『続日本紀』光仁天皇宝亀11年（780）8月23日条の次の記事が参考になります。この年の3月陸奥国伊治郡大領伊治砦麻呂が反乱を起こし、按察使紀広純を殺害しています。

夷狄の志良須や俘囚の宇奈古らが、"私どもは朝廷の権威を頼みとして久しく城下に住んでいますが、今この秋田城はついに永久に放棄されるのでしょうか"と尋ねてきましたという連絡が入ります。天皇（光仁）は次のように回答した。

「そもそも秋田城は敵を防御し民を保護して長い年月を経て来た。にわかにすべてこれを放棄するのはよくない。多少の軍士を遣わして鎮守に当たらせ、俘囚が朝廷に服する心を損なわないようにせよ。よって、すぐに使者もしくは国司を遣わして秋田城の専任とせよ。また由利柵（本荘市）は賊の要害の地に位置しており、秋田城へ道が通じている。ここへも兵士を遣わして、互いに助け合って防御させよ」

「ただ思うに、宝亀の初めに、国司が"秋田城は保ちにくく、河辺城は治めやすい"と言ったので、当時の評議は河辺城を治めることになった。しかし、今まで、歳月を積んでも秋田城の民は未だ移住しようとしない。これはあきらかに民が移ることを重荷としていることである。この心情を汲み、俘囚や人民1人ずつに尋ねて、詳しく秋田城と河辺城の利害を述べるようにせよ」と。

河辺城ついては後藤宙外（1866-1938、秋田県生まれ、小説家）の払田柵説、喜田貞吉の雄勝城移転説、新野直吉・船木義勝の河辺府説（払田柵）、高橋富雄の雄勝城説があります。高橋富雄の雄勝城説は天平宝字4年（760）に完成した雄勝城が払田柵です。この説は雄勝郡羽後町足田遺跡＝雄勝柵を否定することになりますから、正解は喜田貞吉の雄勝城移転説です。しかし雄勝城（柵）も利用価値が少なくなったので雄勝柵はそのままにしておいて新しく払田柵（河辺柵）を作ったと考えなければ喜田説も正解とは言えません。したがって後藤宙外説＋喜田説に新野直吉・船木義勝の河辺府説（払田柵）を加味した説が本当の正解と言えるでしょう。

※藤原緒嗣と菅野真道の徳政論争

　延暦24年（805）1月、病のために恒例の朝賀を中止した桓武天皇は3月17日「流刑と移郷に服している罪人」の大赦を行います。「憐憫の哀れみの思いで夜も眠れなかった」（桓武）と伝えられています。しかし、その大赦も「殺人ないし他の罪の赦はあっても放免とならず流刑・移郷に処せられている者」は大赦からはずします。俘囚エミシは大赦の埒外にあったのはいうまでもありません。

　延暦24年2月5日相模国が次のように報告します。「年来、鎮兵350人を派遣して陸奥・出羽両国で防御の任につかせていますが、相模国では雑徭に徴発できる徭丁が少なく、帯勲者が多数となっていますので、伏して、鎮兵を二分して半分を帯勲者より採り、他の半分を白丁（徭丁）より徴発することを要望します」と報告します。天皇はこれを許可します。

　同年6月23日近衛中将従3位の坂上田村麻呂は参議に任じられ、8月9日桓武天皇は入唐求法僧最澄（766-822、天台宗の開祖）を招いて、悔過と読経を行います。9月17日僧最澄に毘盧遮那仏法を行わせます。大同元年（806）1月26日桓武天皇は次のように詔します。

　　　いま朕は仏教を盛んにして、人々を利益しようと思っている。仏教の学業は一つであっても廃れることがあってはならず、華厳業2人・天台業2人・律業2人・三論業3人・法相宗3人と定められている年分度者が業ごとに発展を図り、学習を図るべきである。そこで、それぞれの業に依拠する注釈書によりつつ、『法華経』と『金光明最勝王経』の2経を漢音と訓で読むようにせよ。

　延暦天皇24年12月5日公卿から天皇の言葉として次のようなことが報告されます。

　　　平安京の造営事業は完了せず、人民に疲弊をもたらしている。それだけでなく、時には災害や疫病によって百姓の産業は十分に回復して

いない。そこで事情を調査して手厚く恵み与え、生活が成り立つように せよとのことでしたので、全国から徴発されている1281人をすべて停止するよう要望します。

天皇の勅を受けて同月同日太政官から次のことが報告されます。

　　本日、中納言近衛大将従3位藤原内麻呂が前殿に侍しているところで、勅により参議右衛士督従4位下藤原緒嗣と参議左大弁正4位下菅野真道とに、天下の人民に恩徳を施す政治について議論させた。緒嗣は「現在天下の人民が苦しんでいるのは軍事（蝦夷征討）と造作（平安京造営）ですので、両者を停止すれば百姓を安楽にすることができるでしょう」という案を述べたが、真道は異論を立てて譲らず、緒嗣の提案に同意しなかった。天皇は緒嗣の提案を善とし、軍事と造作を停廃することにした。

◈桓武天皇の死

大同元年（806）3月17日病がさらに重くなった桓武天皇は春原五百枝王（光仁天皇の皇孫。種継事件で伊予に流されるが許され後宮内卿になる）を招き次のように勅します。

　　延暦4年9月の種継事件に連座して配流となった者はすでに罪を許し帰郷させ復することにする。大伴家持を従3位、藤原小依を従4位上、大伴継人・紀白麻呂を正5位上、大伴真麻呂・大伴永主を従5位下、林稲麻呂を5位下に復せ。

また、同じ勅で崇道天皇（早良親王）のために諸国の国分寺僧に春秋仲月（2月、8月）の7日に『金剛般若経』を読ませることにします。かくして桓武天皇は内裏正殿で死去します。『日本後紀』大同元年3月17日条に次のように書かれています。

しばらくして桓武天皇が内裏正殿で死去した。行年 70 歳。皇太子（安殿親王）は悲しみ泣き叫び、手足を掻きむしり、伏し転び、立つことができなかった。参議従 3 位の近衛中将田村麻呂と春宮大夫藤原葛野麻呂が皇太子を支え、内裏正殿の母屋から東廂に移った。次いで、皇位を象徴する天子神璽と、宝剣を入れた櫃を東宮（皇太子の宮殿）へ奉呈した。これには近衛将監従 5 位下多入鹿がつき従った。使人を伊勢・美濃・越前 3 国の故関（鈴鹿・不破・愛発関）へ派遣し、警護させた。

　同年 3 月 20 日公卿以下の官人が「桓武天皇の生年の干支が丁丑および重日（陽ないし陰が重なる日で忌事を避ける）と復事（その月を支配する 5 行〈木火土金水〉と日の 5 行とが一致する日で、忌事を避ける）は、以前からの慣行により挙哀（死者のために泣き声をあげること）を停止したいと思います」と言上します。
　しかし安殿親王（平城天皇）は許可しません。安殿親王が公卿らの件の提案を許可しなかった理由に次いで『日本後紀』大同元年 3 月 22 日条に次のように書かれています。

　安殿親王は「急に体調が悪く、ひどい病となり、湯や火に触れているような思いである。いましきりに災異が起こっているが、その原因は私にある。ただし、前代の賢人が徳を尊ぶことにより、災異をまぬがれている実例がある。そこで私も努力するが、内外の官人らは人民を収める良い方策で私の及ばないことを補え。天皇の死後、特別に武装し、警戒に当たっている禁衛の舎人らはすべて武装を解除し、諸国の関や津の固守を解除せよ」と言った。
　対して公卿らは「天皇の死に伴う禁衛の舎人らの特別武装と、関と津への固守は昔からの決まりで、今回だけのことでない」と応えようとしない。そこで安殿親王は「大行天皇（桓武天皇。死後諡号が贈

られるまでの呼称）は優れた徳を広く及ぼし、国内は平安に治まって
いたのであるから、人々は心を一つにして、離れることはあり得ない。
喪服の上に武装することは死んだ帝を悼み、悲哀の情を示すことには
ならない。また関や津を封鎖すると、人の移動を妨げ、民を煩わして
農業を深く損なうことになる。関係する宮司に指示して関や津の封鎖
を解け」と主張した。

　大同元年４月１日桓武天皇の葬儀が行われます。中納言正３位藤原雄友
（藤原南家、右大臣・藤原是公の次男）が、後誄の人として左方に藤原内麻
呂・中臣王・大庭王・藤原緒継、右方に藤原乙叡・紀勝長・五百枝王・藤
原縄主・秋篠安人らを率い、次の誄を奉じます。

　　　畏れ多くも平安京におられました天皇の御名のことを、恐まって
　　申し上げます。臣未が畏れ多い日本根子天皇の、天地とともに長
　　く日月とともに遠くまで伝える諡と称え申しまして、日本根子皇統
　　弥照尊と称えもうしあげますと、恐まって称え申し上げます。臣未。

『日本後紀』桓武天皇大同元年４月条は桓武天皇の出自と系譜について
次のように記しています。

　　　桓武天皇を山城国紀伊郡の柏原山陵に葬った。天皇は諱が山部で、
　　天宗高紹天皇（光仁天皇）の長子である〈『続日本紀』に桓武天皇の
　　伝記を載せていないので、ここに詳しく記す〉。母を高野皇太后〈高野新
　　笠〉と言い、皇位に即く以前、従４位下を授けられ、官は侍従、大学
　　頭を歴任して、宝亀元年に４品を授けられ、同２年に中務卿に任じ、
　　４年に皇太子となった。
　　　光仁天皇は政務を倦み、皇位から離れようと思いを強くして桓武天
　　皇に譲位した。当時の歌謡に「宮城に直面している八重の坂を、た
　　だの土だからと言ってあまり踏みつけるな」という歌意のものがあ

り、識者は桓武天皇の即位の前兆であると解釈した。天皇は生まれつきこの上ない孝の徳目を身につけ、光仁天皇が死亡すると、追悼の礼を行えないほど悲しみに打ちひしがれ、1年後になっても服葬を釈かなかった。

　天皇は徳が高く、容姿がぬきんでて優れ、華やいだものを好まず、遠方の地まで威厳と徳を及ぼした。即位すると、治政に努め、国内的には平安京の造営を行い、外に向かっては蝦夷を征討した。これらは大きな財務負担となったが、後代はこの恩恵に与った。

7-5　百済義慈王の子豊璋と禅広

※百済王神社

　アテルイとモレが斬られた植山は大阪府枚方市の宇山町周辺とされていますが、宇山の近くには百済王神社（大阪府枚方市中宮）が鎮座しています。百済王神社は延暦10年（791）に陸奥鎮守将軍になった百済王俊哲の祖先が祀られています。

　俊哲は天平11年（749）に東大寺造立に塗金料として黄金を献上した百済王敬福の孫です。エミシに包囲されてあわや殺されそうになったことのある俊哲は、エミシ征服のシンボルとしてアテルイを百済王の本拠地である植山で処刑することを強く望みます。

　というのは前にも述べましたように天智系天皇の桓武は百済王一族ときわめて近い関係にあったからです。ちなみに百済王敬福については称徳天皇天平神護2年（765）6月28日条に次のように書かれています。

　　刑部卿・従3位の百済王敬福が薨じた。その先祖は百済国の義慈王（第31代の王）より出ている。高市岡本宮で天下を治められた天皇（舒明）の御代に、義慈王はその子豊璋と禅広王を日本に遣わして天皇の側近に侍らした。後岡本宮朝廷（斉明朝）に及んで、義慈王は戦

いに敗れて唐に降伏した。その臣下の佐平福信はよく国家を再建し、遠く日本から子豊璋を迎え、絶えていた王位を再興した。

豊璋は王位を継いだ後、讒言にもとづいて無道に福信を殺した。唐兵はこれを聞いてまた州柔を攻撃した。豊璋は日本の救援の兵ともに防戦したが、救援軍は戦いに敗れ、豊璋は船に乗って高麗に逃れた。

禅広はそのため百済に帰らなかった。藤原の朝廷（持統帝）は禅広に百済王という称号（氏姓）を賜り、没後に正広参（官位48階の第6位。正3位相当）を贈った。禅広の子の百済王昌成は幼年の時、父に従って日本に入朝し、父より先に没した。

昌成の子郎虞は奈良の朝廷で従4位下・摂津亮になった。敬福はその第3子である。敬福の性格は気ままで規則にとらわれず、たいへん酒食を好んだ。聖武天皇は特に寵愛の待遇を加えられ、恩賞や賜り物が多かった。

この引用文は天皇家の始祖王が百済から渡来した王子昆支（百済蓋鹵王の弟）であり、天皇家は百済を出自としていることを示しています。660年唐・新羅連合軍によって義慈王の百済は滅亡します。天智天皇が百済救援軍を送って白村江で戦ったのも、天皇家の祖国は百済だったからです。

義慈王には豊璋と禅広（禅光）という2人の王子がいますが、兄豊璋は白村江の戦いで敗れ高句麗に逃亡します。しかし高句麗も668年唐に滅ぼされ、その後高句麗王族とともに唐に連行された豊璋の行方はわかっていません。

その豊璋はすでに650年前後（孝徳朝）、倭国に渡来しました。天智天皇が多臣蒋敷（太安万侶の祖父）の妹を豊璋に娶らせ、百済を再興するため本国百済に送ったことは『日本書紀』天智天皇7年（662）7月条に書かれています。

いっぽう百済滅亡後、倭国に住んだ豊璋の弟禅広（禅光）は、『日本書紀』天智3年（664）3月条に「百済王禅光王等を以て難波に居たしむ」とあり、また同持統天皇5年（691）1月条に「食封100戸を与えられていた

145

禅広に、さらに100戸を加増した」と書かれています。

◈百済王敬福、その孫俊哲

渤海国人の日本海沿岸への来着と対エミシ38年侵略戦争と結びつける説があります。つまり高句麗滅亡後の統一新羅に対する渤海人と倭国に亡命してきた百済王族の怨念と憎悪が互いに連帯感となって結びついているというのです。この説は渤海人と百済亡命王族が夫余・高句麗系の同族であることを考慮に入れるならば、かなり真実性があるように思えます。

たしかにこの百済義慈王の末裔である敬福、その子俊哲はエミシ侵略戦争に多大な貢献をしています。祖父敬福は天平神護2年（766）の『続紀』にその死を「薨ず」と記録されているように貴人扱いです。敬福は事実、刑部卿・従3位で亡くなっています。

敬福の孫俊哲は対エミシ38年侵略戦争で征夷の総司令官として陸奥鎮守将軍まで昇格し、延暦10年（791）坂上田村麻呂とともに、第4次征夷のための兵員・武器点検を命じられて東海道を巡察し、そのまま征東大使大伴弟麻呂の下で征東副使となり、さらにそこから鎮守将軍に昇格しています。

俊哲は桓武天皇の延暦14年（759）8月に死去していますが、『日本後紀』は「陸奥鎮守将軍百済王が死去した」とあるのみで、俊哲が何歳で亡くなったのか知ることができません。敬福と孫の俊哲は百済国王最期の義慈王の王子で日本に亡命した禅広（善光）を始祖とする百済系直系の氏族だったのです。

◈百済武寧王陵の墓誌

渤海人と百済亡命王族の連帯感を俊哲ら百済王族末裔のエミシ戦争への積極的参加と、この時期の頻繁な渤海人の日本海沿岸来着と関係があるとする説に確たる証拠となる史料はありませんが、『続紀』養老4年（720）の「渡島の津軽津司である従7位上の諸君鞍男ら6人を、靺鞨国（粛慎＝ミシハセ。満州に住んでいツングース系の狩猟民族）に遣わして、その風俗

を視察させた」という記事を根拠としています。

　また靺鞨国＝渤海国とみるならば、神亀4年（727）9月21日条の「渤海国郡王の使者、首領・高斉徳ら8人が出羽国に来着した。使いを遣わして慰問し、また時節に合った服装を支給された」という記事も養老4年の記事と関係があります。

　さらに多賀城碑の「去靺鞨国三千里」も当時の藤原朝狩の父にして最高権力者の藤原仲麻呂が倭国日本に対する靺鞨国をいかに強く意識していたか物語っています。

　光仁・桓武2代によるエミシ征服戦争は、461年倭国に渡来して崇神王朝の入婿となった百済王子昆支（応神天皇）を始祖とする百済系渡来集団の末裔によって行われたと考えればわかりやすいでしょう。事実、桓武天皇の母高野新笠は『新撰姓氏録』に「和朝臣、百済国都慕王18世の孫武寧王をより出でたり」とあるように、和氏の祖先は武寧王の子純太とされています。

　武寧王の存在が脚光を浴びたのは、1971年韓国の公州市にある武寧王陵から「寧東大将軍の百済の斯麻王は、年齢62歳癸卯年（523）の5月7日に崩御した」という墓誌が発見されたからです。斯麻王とは武寧王のことです。

　武寧王が蓋鹵王の弟昆支の子であることは、石渡信一郎の「隅田八幡人物画像鏡銘文」の「日十大王」の解読によっても明らかです。このことによって日本最大の古墳応神陵に埋葬されている人物は百済の王子昆支であることや、応神陵の築造年代が500年前後であることもわかったのです（拙著『隅田八幡鏡』参照）。

※百済寺跡に立って

　対エミシ38年侵略戦争によって多くのエミシが戦争捕虜として連行されました。私はここで「多く」と言っていますが、その数は5万人を下ることはないと確信しています。というのも光仁・桓武天皇がこの戦争のため動員した兵力は23万9800人に数万人を足した数であることが『続日本

紀』の記録から推定できるからです。

清水寺（京都市東山区清水）は坂上田村麻呂がエミシ殺戮を懺悔した寺と伝えられています。私は今から15、6年前清水寺境内のアテルイとモレの記念碑を見てから枚方市に向かいました。清水寺の石碑は1994年11月に建立された石碑であって、アテルイの処刑地を記念したものではありません。

枚方市宇山（植山）にアテルイとモレの銅像があったと伝えられていますが、残存はしていません。今は片埜神社（枚方市牧野坂2丁目）の境内が牧野公園となり、その公園の一角に片埜神社があります。アテルイの首塚は牧野公園の中央にあり、首塚の北側は宇山町で南側は淀川に合流する穂谷川を境に黄金町になります。公園は京阪線牧野駅から東に歩いて5、6分の距離です。

アテルイの首塚から百済神社に行くためには牧野駅から2つ目の枚方市駅で降りてかから天野川の陸橋を渡り、イズミヤというスーパーの角を右折し、一つ目の信号を目印に左の路地に入ります（当時）。路地は狭い坂道になり学校にあたります。学校を左回りに迂回するとバス通りに出ます。バス通りを挟んで向かい側が百済王神社のある大枚方市中宮西之町1-68です。

百済王神社に隣接する百済寺跡は発掘調査により南門・中門・食堂・講堂が南北一直線の百済式寺院であることがわかりました。日本で一番古い飛鳥寺は回廊の中に塔を真ん中に左右に金堂、塔の北にもう一つの金堂、回廊南側の中心に中門、回廊の外側北に講堂がある伽藍配置です。ただし現在の飛鳥寺は塔の北に位置する金堂だけしか遺っていません。

四天王寺は南門・中門・塔・金堂・講堂が南北一直線です。法隆寺は南門・中門・回廊があって、回廊の中は東に金堂、西に塔があり、回廊の外側北に講堂があります。

百済寺に隣接する百済王神社の境内の西側から天野川の陸橋が見えます。この地は西に天野川、北に淀川、生駒山脈につながる甘南備丘陵を背後にして大阪難波方面を眺めることのできる高台になっています。京都から大

阪に向かう新幹線の進行方向左側見える石清水八幡宮のある男山の西側一帯になります。

　社務所でもらった『由緒』には「14代応神天皇の世に、百済王が王仁を遣わして論語・千文字を献上した。33代推古天皇の御世、百済の阿佐王が来朝して聖徳太子に仏像・経典3600巻を貢献した。太子はその功績を喜び、阿佐王に交野に土地を与えた」と書かれていました。

終章　懺悔と慈悲の清水寺

❀武人坂上田村麻呂の寺

　清水寺の観音信仰の始まりは、法相宗の僧延鎮が行叡居士の残していった霊木に観音像を刻み、庵に安置した２年後の宝亀11年（780）と伝えられています。宝亀11年というと、陸奥国上治郡大領伊治公呰麻呂の反乱が起き、按察使紀広純が殺害されています。

　その年の夏に坂上田村麻呂は妊娠していた妻高子のために鹿の生血を求めて音羽山（清水寺）に入ります。そこで出会った延鎮に殺生の罪を説かれた田村麻呂は、観音像を祀るために自邸を寄進します。

　のち征夷大将軍となった坂上田村麻呂は、無事、エミシを平定することができます。征夷平定は観音信仰の賜物と考えた坂上田村麻呂は、延暦17年（798）延鎮と協力して本堂を大改築し、観音像の脇侍として地蔵菩薩と毘沙門天（持国天、増長天、広目天と共に四天王の一尊）祀ります。

　このような坂上田村麻呂の一連の行動は、金光明最勝王経の「懺悔と慈悲の法」を見事に反映しています。懺悔はエミシ殺戮の罪に対して行います。しかしエミシ征討は毘沙門天の加護により、その罪は観音菩薩が救済するという構図です。

　清水寺の創建は宝亀11年説・延暦17年説に加え、延鎮が分け入ったのは木津川の上流の山であり、平城京遷都に際して音羽山に移ったという延暦13年（793）説もあります。いずれにしても延歴24年（805）桓武天皇の寺地を譲り受け、弘仁元年（810）嵯峨天皇の勅許を得て、清水寺は公認の寺院となります。

　延暦24年（805）１月病のために恒例の朝賀を中止した桓武天皇は、３月17日「流刑と移郷に服している罪人」の大赦を行います。しかし、その大赦も「殺人ないし他の罪を犯し赦にあっても放免とならず流刑・移郷

に処せられている者」は大赦からはずします。

　俘囚エミシは大赦の埒外にあったのはいうまでもありません。同年6月23日近衛中将従3位の坂上田村麻呂は参議に任じられ、8月9日桓武天皇は入唐求法僧最澄を招いて、悔過と読経を行います。

※徳一東国修行
　ところで最澄や空海の著作にも登場する出自不明の法相宗の僧徳一（最澄との三一権実論争）と坂上田村麻呂建立の清水寺の関係ですが、桓武天皇が亡くなった翌年の大同2年（807）徳一によって会津と岩城に清水寺と長谷寺が開基されたことが『神明鏡』（神武から後花園天皇までの年代記。南北朝時代末期に成立、作者未詳）からも明らかです。その『神明鏡』に次のように書かれています。

　　　春日・鹿島、法相擁護神にましましぬればとて、常州鹿島に下る。筑波山48ヵ所霊場建立。しかのみならず、国中数十ヵ所建立。多く観音・薬師像なり。なかに長谷寺、平城御願寺と号し、大同2年造建築あるなり。また、奥州会津にも清水寺とて観音像を建て、磐梯大明神を鎮守として、その寺号を改めて慧日寺と号すと言えり。また、同国岩崎の郡湯嶽に観音像を建立、儀式の刷を給う。

　興福寺系観音信仰の両寺は京都清水寺と同じ思想によって創建されますが、徳一は清水信仰を東国に布教する使命を帯びて実行します。東北経営は桓武天皇の最大の政治課題であり、その直接の担い手は藤原氏です。
　陸奥国岩崎郡湯嶽は常陸国と陸奥国の接壌地帯です。この地帯は陸奥国岩城ないし磐城と呼ばれ、いってみれば「道の奥」であり、「常陸の奥」です。筑波山の中善寺、奥州の会津清水寺（慧日寺）、そして岩崎郡湯嶽の長谷寺は徳一観音信仰の三大根本道場です。
　藤原氏の菩提寺は鎌足以来、興福寺です。興福寺は南都6宗奈良仏教を代表する法相宗の寺です。桓武天皇が再三の勅によって三論宗と法相宗の

終章　懺悔と慈悲の清水寺

重要性を主張しているのは、むしろ法相宗の優勢を抑えるためでした。三論宗とは中論・百論・十二門という３部の論書によって一宗を立てたことからこの名称が使われていますが、南都６宗（法相宗・具舎宗・三論宗・成実宗・華厳宗・律宗）の一つです。

　徳一は法相宗の若手の論客でした。台頭しつつあった最澄の天台宗、空海の真言密教に論理的にも対抗しなければなりません。延鎮の師行叡は「東国修行なしには清水寺にならない」として東国の旅に出ましたが、行叡はその悲願を果たすことなく山科の地に果てます。徳一にとっては延鎮の要請による行叡の本意を果たすべく東国に清水寺を創建することでした。

　徳一については『南都高僧伝』では「恵美大臣の息」とあり、『尊卑文脈』（正式名称『新編纂図本朝尊卑分脈系譜雑類要集』、南北朝時代から室町時代に完成。編者は洞院公定）には興福寺出身とされ、入唐経験のある藤原仲麻呂の６男刷雄と同一人物されていますが、研究者の間では意見が分かれています。

◈毘沙門天の武力信仰と慈悲の観音信仰

『徳一菩薩』の著者で高橋富雄（1921-2013、東北古代史研究者の第一人者）によれば山城２代行叡としての延鎮とならぶ仕事を徳一が担うことなります。しかし宝亀11年の延鎮と田村麻呂の出会いとその後の坂上田村麻呂の征夷将軍としての東国出征は、武人行叡の本意を達成することでした。

　それは毘沙門天の加護による武力信仰と慈悲の観音信仰の使い分けです。殺戮と懺悔、これが金光明最勝王経の主たる法です。征夷のための地蔵は勝軍地蔵、毘沙門天は勝敵毘沙門と名づけられて、観音の西と東の両脇に安置されます。

　清水観音は征夷の霊仏です。それは行叡東行を田村麻呂東征に読み替えて、あたかも、自性輪身（宇宙の真理＝法身）行叡、教令輪身田村麻呂（悪者を懲らしめるための化身）、そして延鎮は山城の正法輪身（如来を説く菩薩）です。

　そして徳一は東国の正法輪身です。密教にはおよそ仏には３種の輪身が

153

あり、本地の輪身を自性輪身といい、菩薩の身を具現するのを正法輪身といいます。そして仏の教えに従わない者を憤怒の形相で導く5大明王は5大菩薩の変化身であり、5智如来の教令輪身です。

おわりに

2018 年 10 月 16 日（火）の朝日新聞朝刊（29 面、社会）は「仁徳陵初の共同調査へ」の見出しで次のように報道しました。朝日新聞と各紙（読売・毎日・東京新聞）との比較・検討のため全文引用させていただきます。

　宮内庁と堺市は 15 日、同市堺区にある国内最大の前方後円墳、大山古墳（仁徳陵古墳）で今月下旬から発掘調査を始めると発表した。濠の水の影響で浸食が進む堤や墳丘の保全が目的。同庁が管理する歴代天皇や皇族の陵墓で、地元自治体と共同で発掘調査をするのは初めてという。

　大山古墳は全長 486 メートルで、三重の濠に囲まれている。今回の調査対象は、墳丘を囲む 2 つの堤のうち内側の第 1 堤。12 月上旬にかけ、南側と東側の計 3 ヵ所に幅 2 メートル、長さ 28 〜 30 メートルの調査区を設けている。

　宮内庁が 1979 年、野犬防止柵を設けた際の発掘調査では、南側から円筒埴輪 1 点が出土した。同庁は将来的に墳丘や堤の護岸工事を進める方針で、今回の調査で埴輪などがある遺構面の位置や堤の保存状態と確かめ、工事の際にいかしたいとしている。調査には堺市の学芸員 1 人加わり、報告書作成にも協力する。宮内庁書陵部が市に打診し、今年 9 月に協定を結んだ。

　15 日に会見した宮内庁の徳田誠志・陵墓調査官は「周辺の遺跡に多数の知見をもつ地元自治体の協力で調査の質が高められる」と意義を説明した。同庁は 11 月下旬をめどに報道機関に調査現場を公開するほか、市民向け速報展や講演会を検討する。（加戸靖史）

拙著『日本古代史の正体』を購読され、本書の「序−1 天皇の"韓国とのゆかり発言"」、「第2章 百済昆支王の倭国渡来」の「2−2 仁徳陵の被葬者はだれか」をご覧になった方々の感想はさておき、各紙の利点と特徴を点検してみます。

読売新聞（1面）は大山古墳をヘリコプターから撮った写真（横60㎜、45㎜）と"今回調査地"のキャプション付きのカット（横32㎜、縦35㎜）と「仁徳陵初の共同発掘」の見出しです。写真とカット分だけ朝日より説明が足りませんが、「百舌鳥・古市古墳群は2019年の世界文化登録を目指している。日本考古学協会などは陵墓の公開を求める活動を続けており、議論が今後活発化しそうだ」という仁徳陵の今日的状況の説明は納得できます。

毎日新聞は1面ニュースラインでヘリから撮った大山古墳の写真（川平愛撮影）と、社会（30面）の「仁徳天皇陵堺市と共同発掘」の見出しで、2点のカットと大山古墳の航空写真（横90㎜、縦65㎜）を載せています。

そして「宮内庁の陵墓管理委員会で委員を務める白石太一郎・大阪府立近つ飛鳥博物館名誉館長は"共同発掘は重要な一歩だ。陵墓の公開に向けても歓迎できる"と評価した。堺市は大山古墳を含む百舌鳥古墳群・古市古墳群の来年の世界文化遺産登録を目指している。（矢追健介）」という説明は、堺市がいわゆる「世界文化遺産登録」を目指していることを明らかにしている点で評価できます。

東京新聞は総合（3面）「仁徳陵初の共同発掘」の見出しと"百舌鳥古墳群にある大山古墳（仁徳天皇陵）"のキャプション付きの航空写真、仁徳陵の位置を示すカット、発掘場所のカット3点を載せています。東京新聞は「日本最大の前方後円墳の大山古墳は過去に見つかった埴輪の年代などから、仁徳天皇陵ではないとの説が有力だが、宮内庁幹部は"今回の共同調査は仁徳陵の指定を変更するためではない"としている」という他社より突っ込んだ説明をしています。

さて朝・毎・読・東京新聞のどれがより意味と価値のある報道をしているのか、その判断は読者諸氏のお任せすることにして、誠に恐縮ですが拙著『仁徳陵の被葬者は継体天皇だ』（河出書房新社、2011年12月発行）の「お

わりに」から引用したものを次に載せて本書の「終わりの始め」としたいと思います。

　橿原神宮前駅に降り立つ時は、私は見瀬丸山古墳を訪ねることにしています。墳丘部は宮内庁の参考地に指定されているので立ち入ることができませんが、前方部には登ることができます。私の夢はこの巨大古墳を公園にして内部をガラス張りの施設とすることです。周辺住民や県内・県外、そして国外から奈良・飛鳥に訪れる観光客に公開するならば、きっと石舞台古墳に負けず劣らないほどの人気を呼ぶことは請け合いです。

　この見瀬丸山古墳の主欽明＝ワカタケル大王こそ、天智天皇に暴かれた石舞台古墳の被葬者大王蘇我馬子の父稲目と同一人物であるからです。地方活性化の掛け声が高い昨今です。調査発掘した上で、建築工学の粋を集めて古墳まるごと国の考古博物館にしたらどうでしょうか。

　そうすれば見瀬丸山古墳の被葬者も、益田岩船や鬼の俎板・雪隠の謎も、天武・持統が入鹿・蝦夷の双墓を改装したことも、橘寺と川原寺の関係も、飛鳥寺境内の入鹿の首塚も、そして馬子の墓がなぜ暴かれたのかも、檜隈の地にある高松塚古墳の被葬者のことも、すべてつながりをもって鮮明に浮かびあがってくるでしょう。こうした創意・工夫・努力があってこそ、世界文化遺産への本当の道が開かれるのです。

2019 年 2 月末日

　　　　　　　　　　　　　　　　　　　　　　　　　　　　林順治

◎参考文献

〔全般〕

『古事記』（日本古典文学全集）荻原浅校註・訳、小学館、1973 年

『三国史記』（全 4 巻）、金富軾編著、井上秀雄・鄭早苗訳注、平凡社東洋文庫、1980 年

『続日本紀』（上・中・下）宇治谷孟訳、講談社学術文庫、1992 年

『日本書紀』（全 3 巻）小島憲之・直木孝次郎ほか校注・訳、小学館、1994-98 年

『続日本後紀』（現代語訳、上・中・下）森田悌、講談社学術文庫、2010 年

〔石渡信一郎の本〕

『アイヌ民族と古代日本』（私家版）石渡信一郎、1984 年

『日本古代王朝の成立と百済』（私家版）石渡信一郎、1988 年

『応神陵の被葬者はだれか』石渡信一郎、三一書房、1990 年

『蘇我馬子は天皇だった』石渡信一郎、三一書房、1991 年

『日本書紀の秘密』石渡信一郎、三一書房、1992 年

『古代蝦夷と天皇家』石渡信一郎、三一書房、1994 年

『蘇我王朝と天武天皇』石渡信一郎、三一書房、1996 年

『ワカタケル大王の秘密』石渡信一郎、三一書房、1997 年

『日本地名の語源』石渡信一郎、三一書房、1999 年

『増補新版　百済から渡来した応神天皇』石渡信一郎、2001 年

『蘇我大王家と飛鳥』石渡信一郎、三一書房、2001 年

『邪馬台国の都　吉野ヶ里遺跡』石渡信一郎、信和書房、2011 年

『倭の五王の秘密』石渡信一郎、信和書房、2012 年

『日本神話と藤原不比等』石渡信一郎、信和書房、2012 年

『新訂・倭の五王の秘密』石渡信一郎、信和書房、2016 年

〔その他〕

『八幡宮の研究』宮地直一、理想社、1951 年

『魏書倭人伝・ほか』石原道博編訳、岩波文庫、1951 年

『日本国家の起源』井上光貞、岩波新書、1960 年

『桓武天皇』村尾次郎、吉川弘文館、1963 年

『騎馬民族国家』江上波夫、中公新書、1967 年

『日本古代の国家形成』水野祐、講談社現代新書、1967 年

『共同幻想論』吉本隆明、河出書房、1968 年

『法隆寺雑記帳』石田茂作、学生社、1969 年

『古代朝日関係歴史』金錫亨著、朝鮮史研究会訳、勁草書房、1969 年

『万葉集 1』（日本古典文学全集 2）小島憲之ほか、小学館、1971 年

『神々の体系』上山春平、中公新書、1972 年

『黄泉の王』梅原猛、新潮社、1973 年

『壁画古墳の謎』上田正昭・江上波夫ほか、講談社、1977 年

『新版飛鳥──その古代史と封土』門脇禎二、NHK ブックス、1977 年

「五世紀後半の百済政権と倭」(立命館文学 433・434 号)、古川政司、1978 年

『百済史の研究』坂元義種、塙書房、1978 年

『稲荷山古墳と埼玉古墳群』斎藤忠・大塚初重、三一書房、1980 年

『養老元年の編集会議』佐々克明、PHP 研究所、1983 年

『季刊・東アジアの古代文化 42 号』(「古代王権の歴史改作のシステム」) 井原教弼、大和書房、1985 年

『聖徳太子』上原和、講談社学術文庫、1987 年

『持統天皇』吉野裕子、人文書院、1987 年

『古代王権の展開』(日本の歴史③) 吉村武彦、集英社、1991 年

『馬・船・常民』森浩一・網野善彦、講談社学術文庫、1991

『東北・北海道』(新版「古代日本」9) 角川書店、1992 年

『日本人は何処から来たか』松本秀雄、日本放送協会、1992

『信仰の王権聖徳太子』武田佐知子、中央公論新社、1993 年

『見瀬丸山古墳と天皇陵』(季刊考古学・別冊 2) 猪熊兼勝編、雄山閣、1992 年

『天皇陵を発掘せよ』石部正志・古田武彦・藤田友治、三一新書、1993 年

『天皇陵の真相』住井すゑ・古田武彦、三一新書、1994 年

『謎の巨大民族・紀氏』内倉武久、三一書房、1994 年

『続・天皇陵を発掘せよ』石部正志・藤田有治・西田孝司、三一新書、1995 年

『高松塚古墳』森岡秀人・網干善教、読売新聞社、1995 年

『日本人の成り立ち』埴原和郎、人文書院、1955 年

『DNA 人類進化学』宝来聡、岩波書店、1997 年

『埋もれた巨像』上山春平、岩波書店、1997 年

『天皇制仏教批判』ジョアキン・モンティロ、三一書房、1998 年

『アマテラスの誕生』筑紫申真、講談社学術文庫、2002 年

『季刊 東アジアの古代文化 102 号』(特集「聖徳太子と日本書記」) 大和書房、2000 年 1 月

『季刊 東アジアの古代文化 104 号』(特集「聖徳太子の謎にせまる」) 大和書房、2000 年 8 月

『桓武天皇』三田誠広、作品社、2004 年

『「日本」とは何か』神野志隆光、講談社現代新書、2005 年

『季刊邪馬台国 92 号』(「特集隅田八幡神社の人物画像鏡銘文の徹底的研究」) 安本美典編集、梓書院、2006 年

『詳説日本史〈改訂版〉』石井進・五味文彦・笹山晴生・高埜利彦 (ほか 9 名)、山川出版、2007 年

『韓 vs 日「偽史ワールド」』水野俊平、小学館、2007 年

『日本国家の神髄』佐藤勝、産経新聞社、2009 年

『アマテラスの誕生』溝口睦子、岩波書店、2009 年

『徹底分析・仁徳陵古墳――巨大戦法後円墳の実像を探る』堺市市長広室文化部文化財課編集・発行、2011 年

『天皇陵の誕生』外池昇、祥伝社新書、2012 年

『伊勢神宮と天皇の謎』武澤秀一、文春新書、2013 年

「百舌鳥・古市古墳群出現前夜」（平成 25 年度春季特別展）、大阪府立近つ飛鳥博物館、2013 年

『古代政治史における天皇制の論理』（増補版）、河内祥輔、吉川弘文館、2014 年

『法隆寺を科学する』天野正樹、白馬社、2016 年

『アテルイと東北古代史』熊谷公男編、高志書院、2016 年

『日本書紀の呪縛』吉田一彦、集英社新書、2016 年

『十二支読本』矢部敬一、創元社、2017 年

『日本辺境論』内田樹、新潮新書、2017 年

『古代天皇家と日本書紀 1300 年の秘密』仲島岳、WAVE 出版、2017 年

『上野三碑』（日中韓国際シンポジウム・パンフ、1917 年 12 月 10 日）、主催上野三碑世界記憶遺産登録推進協議会・群馬県・高崎市

『国体論』白井聡、集英社新書、2018 年

『丸山真男集〈別集〉』（第 4 巻正統と異端 1）、東京女子大学丸山真男文庫編、岩波書店、2018 年

『箱の中の天皇』赤坂真理、河出書房新社、2019 年

『皇室、小説、ふらふら鉄道のこと』原武史・三浦しをん、角川書店、2019 年

『卑弥呼、衆を惑わす』篠田正浩、幻戯書房、2019 年

【著者略歴】

林順治（はやし・じゅんじ）

旧姓福岡。1940年東京生まれ。東京空襲の1年前の1944年、父母の郷里秋田県横手市雄物川町深井（旧平鹿郡福地村深井）に移住。県立横手高校から早稲田大学露文科に進学するも中退。1972年三一書房に入社。取締役編集部長を経て2006年3月退社。
著書に『馬子の墓』『義経紀行』『漱石の時代』『ヒロシマ』『アマテラス誕生』『武蔵坊弁慶』『隅田八幡鏡』『天皇象徴の日本と〈私〉1940-2009』『八幡神の正体』『古代七つの金石文』『法隆寺の正体』『ヒトラーはなぜユダヤ人を憎悪したか』『「猫」と「坊っちゃん」と漱石の言葉』（いずれも彩流社）。『応神＝ヤマトタケルは朝鮮人だった』（河出書房新社）、『日本人の正体』（三五館）、『漱石の秘密』（論創社）、『仁徳陵の被葬者は継体天皇だ』（河出書房新社）、『あっぱれ啄木』（論創社）、『日本古代史集中講義』『日本書紀集中講義』『干支一運60年の天皇紀』『〈新装改定版〉八幡神の正体』『天皇象徴の起源と〈私〉の哲学』（えにし書房）。

日本古代史の正体
桓武天皇は百済人だった

2019年 5月30日 初版第1刷発行

■著者　　　林　順治
■発行者　　塚田敬幸
■発行所　　えにし書房株式会社
　　　　　〒102-0074 東京都千代田区九段南2-2-7 北の丸ビル3F
　　　　　TEL 03-6261-4369　FAX 03-6261-4379
　　　　　ウェブサイト　http://www.enishishobo.co.jp
　　　　　E-mail info@enishishobo.co.jp

■印刷／製本　モリモト印刷株式会社
■装幀／DTP　板垣由佳

ⓒ 2019 Junji Hayashi　ISBN978-4-908073-67-0 C0021

定価はカバーに表示してあります
乱丁・落丁本はお取り替えいたします。
本書の一部あるいは全部を無断で複写・複製（コピー・スキャン・デジタル化等）・転載することは、法律で認められた場合を除き、固く禁じられています。

えにし書房　林順治の古代史関連書

ISBN978-4-908073-51-9 C0021

干支一運60年の天皇紀
藤原不比等の歴史改作システムを解く

林順治 著

定価：2,000円＋税／A5判／並製

万世一系神話の創作の仕組を解明する！
――いま仮に、旧王朝の編年体の史書が発見されたものと仮定する。この史書をバラバラにほぐし、多くの"天皇紀"に記事を分散配置して新王朝の"万世一系の歴史"を作ろうとする場合、その"天皇紀"がいずれも60通りの干支を包含した干支一運の天皇紀であれば、旧王朝の史書のどの年度の記事であろうと、希望の天皇紀に該当する干支のところに放り込める。干支一運の天皇紀は"歴史改作のシステム"なのである。

〈新装改訂版〉八幡神の正体
もしも応神天皇が百済人であるならば

林順治 著

定価：2,000円＋税／A5判／並製

八幡神こそ日本の始祖神だった！　全国の神社の半数を占めるほどの信仰を集めながらなぜ『記紀』に出てこないのか？　アマテラスを始祖とする万世一系物語の影に隠された始祖神の実像に迫り、天皇家、藤原家から源氏三代、現在に至る八幡神信仰の深層にある日本古代国家の起源を明らかにする。桓武天皇以後歴代天皇家、藤原家が執拗にエミシ征伐を繰り返し、差別したその過程と理由も丹念に追い、日本古代史の定説を覆す。2012年の初版（彩流社刊）を新装しわかりやすく大幅改訂。

ISBN978-4-908073-58-8 C0021

えにし書房　林順治の古代史関連書

日本古代史集中講義
天皇・アマテラス・エミシを語る

林順治 著　定価：1,800円＋税／四六判／並製

ISBN978-4-908073-37-3　C0021

日本国家の起源は？　日本人の起源は？　そして私の起源は？　古代史の欺瞞を正し、明確な答えを導き出しながら学界からは黙殺される石渡信一郎氏による一連の古代史関連書の多くに編集者として携わり、氏の説に独自の視点を加え、深化させたわかりやすい講義録。新旧２つの渡来集団による古代日本国家の成立と、万世一系神話創設の過程から、最近の天皇退位議論までを熱く語る。

『日本書紀』集中講義
天武・持統・藤原不比等を語る

林順治 著　定価：1,800円＋税／四六判／並製

ISBN978-4-908073-47-2　C0021

『日本書紀』の"虚と実"を解明する！　驚くべき古代天皇の系譜を紐解き、さらに壬申の乱（672年）はなぜ起こったのか。藤原不比等がなぜ『日本書紀』において、蘇我王朝三代の実在をなかったことにしたのか、という核心的謎に迫る。孤高の天才石渡信一郎の「古代日本国家は朝鮮半島からの新旧二つの渡来集団によって成立した」という命題に依拠した、好評の古代史講義シリーズ第２弾。

天皇象徴の起源と〈私〉の哲学
日本古代史から実存を問う

林順治 著　定価：2,000円＋税／四六判／並製

ISBN978-4-908073-63-2　C0021

天皇制の起源を、石渡信一郎による一連の古代史解釈にフロイト理論を援用、単なる史実解明を超えた独自理論から明らかにする。自身の内的葛藤と古代日本国家の形成過程がシンクロし、日本及び日本人の心性の深奥に分け入る稀有な歴史書。天皇の出自から藤原不比等による記紀編纂事業による神話形成、明治維新と敗戦による神話の再形成・利用過程から現在まで、天皇万世一系神話の核心を衝く。

えにし書房の古代史関連書

ISBN978-4-908073-21-2 C0021

卑弥呼の「鏡」が解き明かす
邪馬台国とヤマト王権

藤田憲司 著

定価：1,800円＋税／四六判／並製

三角縁神獣鏡ほか日韓の緻密な発掘データ解析から、まったく新しい鏡文化・脱ヤマト王権論を展開。従来の日本・東アジアの古代史像に一石を投じる。図版データ多数！
邪馬台国は北部九州の中にあったと考えざるを得ない──。
日韓の墳丘墓から出土される鏡に注目し、古墳と副葬品の関連、鏡の文化の変遷をたどる。

捏造の日本古代史
日本書紀の解析と古墳分布の実態から解く

相原精次 著

定価：2,000円＋税／四六判／並製

"古代史"を取り戻せ！
いまこそ真摯に古代史に向き合いたい。
権力の都合によって捏造された形で流布し、常識となっている古代史の「前提」を疑い、解体する。
日本書紀を虚心に読み込み、その成立過程の「層」構造を究明し、積年の古墳研究により明らかになりつつある豊穣で多様性に富んだ古代史の真の姿に迫る。

ISBN978-4-908073-35-9 C0021